La prisonnière des deux royaumes

Du même auteur
dans la même collection

Les Fils du diable

300, rue Léon-Joulin, 31101 Toulouse Cedex 9, France
Loi 49-956 du 16 juillet 1949
sur les publications destinées à la jeunesse
ISBN : 978-2-7459-2457-5
www.editionsmilan.com

Sylvie Bages

La prisonnière des deux royaumes

MiLAN POCHE

1

De tous les barons du royaume, le duc Mordred d'Orsmund était le plus puissant, le plus riche et le plus redoutable. Il entretenait une troupe de mages capables de prévoir l'issue des batailles et le meilleur moment pour attaquer. Il possédait l'armée la plus aguerrie. Et ses trésors innombrables, fruits du pillage et de la violence, lui permettaient d'acheter les consciences de ceux qu'il ne pouvait vaincre par la magie ou par l'épée.

Le roi Jabert Ier détestait le duc d'Orsmund au moins autant qu'il le craignait. Mais que faire contre un vassal plus redoutable, plus riche et plus puissant que son seigneur ? Un vassal qui, chaque jour, gagnait à sa cause, par la persuasion ou par la force, les feudataires sur lesquels le roi eût pu compter ? Aussi, lorsque Mordred demanda au roi la main de sa fille, la jeune et belle Alaïs, Jabert Ier se trouva-t-il bien embêté. Il n'avait aucune envie de lui donner la princesse et celle-ci avait déclaré tout net qu'elle préférait la mort à une telle union. Mais comment refuser la main d'Alaïs sans faire au duc d'Orsmund un affront irréparable ? Mordred avait toujours respecté les apparences et ne s'était jamais opposé de front à son suzerain. Le duc actuel, son père Dracon et le père de son père, s'étaient toujours présentés comme les plus sûrs piliers du royaume, garants de l'ordre et du trône. Mais Jabert Ier n'avait qu'une fille unique. L'objectif de Mordred était clair : à la mort du roi, la couronne royale devrait lui revenir, ou tout au moins à ses héritiers. Jabert Ier n'avait pas l'intention de confier son royaume à ce seigneur cupide et impitoyable. De plus, il savait bien que s'il consentait à ce mariage, ses autres vassaux se révolteraient et qu'une guerre s'ensuivrait. Mais s'il refusait l'union, la guerre serait-elle pour autant évitable ? Ne serait-ce pas Mordred lui-même, offusqué par son refus, qui la déclencherait ?

Pour gagner du temps, le roi trouva mille prétextes : sa fille était trop jeune, elle devait terminer ses études, elle était malade, il était malade, les finances du royaume n'allaient pas fort, un orage de grêle avait anéanti les récoltes… Ce n'était jamais le moment de songer à des fiançailles dans ces conditions. Bref, Jabert Ier tergiversait. Mais ça ne pourrait pas durer indéfiniment, à moins de condamner sa fille au célibat.

Le duc d'Orsmund savait pouvoir compter sur deux êtres qui lui étaient dévoués corps et âme. Le plus haï et redouté de tous était sans nul doute Arkos Guesserath, général en chef de ses armées. À cet homme grand et fort, à la carrure impressionnante et à la sombre beauté, on ne connaissait aucune faiblesse ni aucun sentiment humain. Il se montrait aussi courageux qu'impitoyable, son caractère était plus tranchant qu'une lame et plus froid qu'un glaçon. Il se serait fait tuer pour Mordred dont il était chargé de la protection rapprochée. Une protection sans faille, impeccable, comme l'organisation de son armée.

La vieille Saraoth était la seconde de ces âmes damnées. Experte en magie noire, elle prodiguait conseils et enseignements à Mordred depuis qu'il était enfant et couvait son seigneur d'un amour de mère louve jalouse de ses prérogatives. En dépit de son grand âge qui était à la mesure de son expérience, elle se montrait toujours alerte et d'une méchanceté sans égal. À l'exception de ces deux êtres – et encore ! – Mordred ne se fiait à personne et se méfiait de tout.

Ce matin-là, le duc avait fait convoquer Arkos en présence de Saraoth dans son cabinet privé. Mordred semblait particulièrement irrité.

– Je viens, commença-t-il rageusement, de recevoir une missive du roi Jabert. Une fois de plus, cette marionnette ridicule trouve un prétexte pour retarder mes projets matrimoniaux. Que cherche-t-il ? Il lui est impossible de trouver un gendre plus digne que moi dans l'ensemble du royaume. Je suis le garant de sa couronne, sans moi, le pays tout entier basculerait dans l'anarchie et le chaos. Il ne peut pas me refuser sa fille. Il ne peut que m'exaspérer !

Le seigneur Mordred faisait les cent pas dans la pièce, en proie à une agitation inhabituelle chez cet être d'ordinaire froid et calculateur. C'était un homme dans la force de l'âge, à la longue silhouette maigre, aux traits sévères et au cheveu rare. Il avait eu au cours de sa vie deux femmes, épousées par calcul politique et disparues tout aussi opportunément. Aucune ne lui avait donné d'enfant. On lui connaissait peu de concubines, et elles ne restaient jamais longtemps à ses côtés. La politique, la richesse et l'ambition constituaient ses seules passions.

– J'ai pris une décision, Arkos. On va un peu forcer les choses. Tu vas te rendre dans la capitale du royaume, enlever la princesse Alaïs et me la ramener.

– Seigneur, ne craignez-vous pas la réaction du roi ?

– Cet imbécile n'osera pas lever le petit doigt contre moi. Je le mettrai devant le fait accompli. Sa fille en ma possession, il ne pourra plus me refuser sa main ni faire traîner la cérémonie. Il sera bien obligé de s'incliner !

– Et les seigneurs du royaume ?

– Contents ou pas, ils ne diront rien. Les uns me craignent, les autres, je les ai achetés.

– Tu régneras, mon fils, car tel est ton destin ! conclut la vieille Saraoth avec une répugnante fierté.

– Tu te débrouilles comme tu veux, Arkos, j'ai confiance en ton habileté. Fais vite, je suis pressé. Bien entendu, tant qu'Alaïs n'est pas sur mes terres, cette mission n'existe pas. Si tu es pris, tant pis pour toi !

Arkos Guesserath connaissait la chanson. Raide et compassé, il salua et sortit. Il savait qu'il n'y avait pas à discuter. Du reste, le général avait l'habitude des coups tordus et la morale ne l'étouffait point. Esprit méthodique, il ne songea plus qu'aux moyens à mettre en œuvre pour la réussite de sa mission.

La princesse Alaïs jouait à colin-maillard avec ses suivantes dans le grand parc du château. Les jeunes filles couraient de toutes parts en poussant des cris joyeux, comme de gracieux papillons. Le soir étirait ses ombres et la température s'adoucissait après la chaleur de l'après-midi. C'était un moment idéal pour prendre le frais.

Tel était bien aussi l'avis d'Arkos et de ses hommes, tapis dans les buissons. Le général avait repéré les habitudes de la princesse et de ses suivantes, il avait, plusieurs jours durant, suivi leurs ébats à distance et noté leurs heures de récréation. Déjouant la vigilance des gardes et des chiens, à la tête d'une demi-douzaine d'hommes aguerris, il s'était introduit dans le parc et avait fixé à ce soir l'exécution de sa mission.

Il s'agissait de ne pas se tromper de personne. Ces jeunes filles du même âge, vêtues pareillement, se ressemblaient à s'y méprendre. Mais seule la princesse portait un diadème d'or sur sa chevelure d'ébène. Elle était d'une beauté à couper le souffle. Les ravisseurs durent patienter jusqu'à ce que le jeu rapproche la princesse du lieu où ils étaient cachés. Excitée par la course, le cœur palpitant, la jeune fille s'accroupit derrière un buisson. Avant qu'elle ait pu comprendre ce qui lui arrivait, un voile noir se posa sur sa tête, aveuglant ses yeux et étouffant ses cris. Ses mains, ramenées sans douceur en arrière, furent liées avec une corde. Elle se sentit emportée sur des épaules, bringuebalée au gré d'une course silencieuse dans le sous-bois. Puis elle fut hissée sur un cheval et tenue en selle par un bras puissant, serrée étroitement contre une armure dont les aspérités lui meurtrissaient la peau. On partit au grand galop.

Au bout d'un temps infini, un ordre bref arrêta la course des chevaux. La jeune fille glissa de selle et tomba au sol, tout endolorie. On la débarrassa du foulard qui couvrait son visage, mais non des liens qui entaillaient ses poignets. C'était le petit jour. Une lumière indécise révélait un paysage de lande désolée. Dans la brume, des blocs de granit dessinaient des silhouettes grotesques évoquant des géants pétrifiés. La jeune fille chercha des yeux ses ravisseurs. Ils se tenaient à bonne distance, occupés à panser leurs chevaux. Certains lui jetèrent un regard hardi. La fille brune détourna la tête. À quelques pouces d'elle, son champ de vision embrassa tour à tour une paire de bottes cloutées, une cuirasse couleur de nuit décorée de motifs barbares, une cape sombre retenue aux épaules par deux boucles d'argent, puis enfin un visage à la froide beauté et au regard d'acier. Ce qu'elle ressentit alors, elle ne l'avait jamais éprouvé devant personne. C'était de la peur, mais c'était aussi autre chose, quelque chose qui la glaça et la fit frissonner. L'homme se pencha sur elle pour l'aider à se relever.

– Princesse Alaïs, prononça-t-il en s'inclinant sans sourire, je suis très honoré de vous escorter.

Dégainant son poignard, il trancha d'un coup sec les liens de la jeune fille. Alaïs reprit sa respiration, frotta ses poignets meurtris et dévisagea son ravisseur :

– Et moi, puis-je savoir à qui j'ai affaire ? demanda-t-elle.

– Général Arkos Guesserath, pour vous servir.

– L'âme damnée du duc d'Orsmund ! s'exclama-t-elle. Je me doutais que cette canaille était dans le coup ! On reconnaît bien là ses méthodes de brigand ! Faire enlever une fille de roi ! Mais ça ne se passera pas comme ça ! Mon père me fera rechercher et vengera l'affront ! Ton satané duc peut dire adieu à la noce ! Jamais Jabert ne donnera sa fille en mariage à un voleur !

Arkos dévisagea la jeune fille avec surprise. Il ne s'attendait certes pas à un tel langage de la part d'une princesse, ni à une telle combativité. L'indignation rosissait le visage d'Alaïs, la colère faisait briller ses yeux. Elle était encore plus jolie comme ça !

– Vous serez traitée avec tous les égards dus à votre rang, Altesse. Vous devez juste me donner votre parole de ne point chercher à vous évader.

– Et si je refuse ?

– Je serai forcé de vous rattacher…

Il prit les fins poignets cisaillés dans sa grande main gantée de noir.

– … et c'est assez douloureux, semble-t-il !

– Même pas mal ! gronda la princesse en se dégageant d'un geste brusque. Mais bon, d'accord ! Je vous donne ma parole de princesse que je ne chercherai pas à m'échapper.

Arkos esquissa un sourire ironique :

– Je compte sur votre noblesse. Je me fie à votre serment.

– C'est ça ! Puis-je disposer d'un cheval ou vais-je devoir continuer la route clouée à votre armure ?

Le général claqua des doigts et une magnifique jument blanche fut avancée.

– J'espère que cette monture vous conviendra. Elle est digne de votre rang.

– Cette vieille carne ?

– Ne me rendez pas les choses trop difficiles, ma dame ! Mon seigneur m'a donné très peu d'instructions sur la manière dont vous deviez être traitée !

Alaïs lut dans le regard d'acier qu'Arkos n'était pas du genre à se laisser embêter par une donzelle. Elle décida sur-le-champ de changer de tactique.

– Cette monture me conviendra donc.

– Nous mangeons, nous laissons paître les chevaux et nous repartons. Tâchez de vous reposer !

La laissant à la garde d'un de ses soldats, il s'éloigna pour contrôler le reste de la troupe.

2

Traverser la baronnie de Münster était assez risqué : le baron, fidèle du roi Jabert, ne manquerait pas une occasion de nuire au duc d'Orsmund. Tant qu'on ne touchait pas au but, l'enlèvement réclamait un minimum de discrétion. Arkos avait donc décidé de passer par la forêt d'Antregoule. Cette forêt n'était revendiquée par aucun seigneur, les créatures qui la hantaient étant de nature à décourager tout instinct de propriété. De jour, on ne risquait de croiser que quelques brigands qui y avaient trouvé refuge, et c'était un inconvénient négligeable pour une troupe armée et décidée. La nuit, en revanche, appartenait au Petit Peuple et les rencontres pouvaient se révéler fatales. Il ne fallait donc pas perdre de temps et sortir du bois avant la tombée du jour.

Les chevaux s'engagèrent avec répugnance à l'ombre des frondaisons. Cette forêt n'avait jamais connu la main de l'homme. Les taillis s'avéraient impénétrables dès lors qu'on s'aventurait hors des sentiers battus qui, eux-mêmes, étaient peu sûrs ; beaucoup s'achevaient en cul-de-sac, forçant les voyageurs à revenir sur leurs pas. Mais la troupe du duc Mordred allait du pas ferme de ceux qui savent où ils se rendent et n'ont de cesse que d'y arriver.

Adonis le Brigand avait harangué ses troupes : « Qui que ce soit qui passe, faudra pas le rater ! » Les ressources du groupe ainsi que son moral étaient au plus bas. Il faut dire qu'il ne passait pas grand monde dans cette maudite forêt, les occasions d'attaques étaient rares et le butin maigre. Adonis aurait préféré exercer son art ailleurs, mais les gibets alentour croulaient sous le poids de ses collègues. Dans la forêt, au moins, on avait peu de chance de se faire pendre, on risquait seulement de mourir de faim.

Aussi, quand le grand Toine signala qu'une troupe de fière allure s'était engagée dans le sous-bois, tout le monde courut à son poste d'embuscade. Ils étaient une dizaine de brigands en guenilles, armés de haches, de gourdins, de fourches et de bâtons.

– M'est avis que ces cavaliers sont bien armés ! hasarda Floutch le Pleutre.

– Mais ils ne sont que sept et une donzelle ! rétorqua Patenôtre le Téméraire. On n'en fera qu'une bouchée !

– Wouarf wouarf, la donzelle, moi, je m'en charge ! ricana Boerk le Porc.

– Silence, mes frères ! conclut Adonis d'un ton sans réplique. On va faire les choses dans les règles. Quand leur troupe sera bien engagée, je surgirai devant eux et leur ferai les sommations d'usage. S'ils répondent de façon grossière, vous attaquez !

Arkos et ses hommes cheminaient donc depuis deux bonnes heures dans un chemin creux quand un homme plus large que haut et laid comme un magot surgit devant eux, une hache à la main, ôta fort civilement son bonnet, précisa qu'il était brigand et les pria d'avoir l'amabilité de lui passer la monnaie. Les soldats interrogèrent leur chef du regard. Le général n'eut qu'un signe à faire. Le cavalier le plus proche décapita le brigand d'un moulinet de sa grande épée. Les autres bandits, dans leur cachette, en restèrent comme deux ronds de flan.

– On fait quoi, là ? Doit-on considérer que c'est une réponse grossière ? demanda Floutch le Pleutre à mi-voix.

– Si fait ! cria Patenôtre le Téméraire. Tous avec moi pour venger notre chef Adonis !

– Taïaut ! Taïaut !

Des brigands surgirent des buissons, tombèrent des arbres, jaillirent des terriers, et un combat sans merci s'engagea, féroce, entre les hors-la-loi privés de chef et les hommes d'Arkos Guesserath, lequel Arkos était resté prudemment en arrière pour protéger la princesse. Or, voilà-t'il pas que cette dernière se mit à glapir :

– Holà, braves gens des bois, frappez, hardi ! Étripez cette canaille qui vient d'enlever la princesse Alaïs, fille de votre bon roi Jabert Ier ! À mon secours, aidez-moi, gentils brigands, et tous vos crimes vous seront pardonnés !

Les cris de la princesse détournèrent quelque peu l'attention des Orsmundiens et redonnèrent aux brigands du cœur au ventre. Pardi, si l'on enlevait une princesse, la cause était entendue ! Le butin n'en serait que meilleur ou les honneurs plus grands, selon la manière dont tournerait l'aventure. Une demi-douzaine de coquins entoura Arkos et la jeune fille. Les objectifs avaient changé : on cessait de se frotter aux gens d'armes, on s'emparait de la fille et on disparaissait à couvert des bois ! Seulement, entre la fille et eux, il y avait ce grand type vêtu de noir qui semblait peu commode ! Deux brigands plus téméraires que les autres en firent tout de suite les frais. Trois autres tentèrent une diversion prudente pendant que le dernier s'emparait des rênes du cheval blanc, sautait en croupe derrière Alaïs et filait au triple galop. Arkos eut tôt fait de se débarrasser de ses adversaires, comme sa troupe du reste des brigands. Les Orsmundiens supérieurement armés et entraînés s'en tiraient sans une égratignure. Les hors-la-loi survivants se retirèrent, piteux. Le général se lança aussitôt aux trousses d'Alaïs qui galopait de concert avec son ravisseur, lequel n'était autre que Boerk le Porc. À un tournant du chemin, le brigand sauta à terre avec la jeune fille et claqua la croupe de la jument qui continua sa course droit devant elle à bride abattue. Se glissant à travers les futaies par des sentiers à peine tracés, Boerk entraîna la princesse au plus profond des bois.

– Vous m'avez sauvé la vie, haleta Alaïs. Comment pourrai-je vous remercier ?

– Oh, moi, j'ai bien une petite idée ! ricana Boerk le Porc.

Le brigand venait de faire halte dans une clairière, estimant qu'ils avaient parcouru tous deux assez de chemin pour semer leurs poursuivants.

– Alors, comme ça, vous êtes princesse ? C'est ben la première fois que j'en vois une en chair et en os. Surtout en chair…

À en juger par la manière dont l'individu la dévisageait, Alaïs ne douta pas une seconde que c'était pour lui une première !

– … et j'en crois pas mes yeux. On peut toucher ?

Comme il avançait dans sa direction une patte sale et velue, la princesse lui tapa sur les doigts :

– Non, tu ne touches pas, mal élevé ! répliqua-t-elle.

– On ne vous dérange pas, j'espère ? prononça une voix à l'orée de la clairière.

Avec un frisson d'angoisse, Alaïs vit surgir sous les frondaisons la troupe de ses ravisseurs menée par la cuirasse noire.

– Décidément, ils ne me lâcheront pas ! murmura-t-elle entre ses dents.

Elle se colla derrière Boerk, le prit par les épaules et glapit :

– Fais donc quelque chose, manant, ils vont nous égorger !

Mais le Porc était trop terrorisé pour réagir. Se dégageant d'une secousse, il prit ses jambes à son cou et disparut dans les fourrés. Arkos posa sa main gantée sur l'épaule de la princesse :

– Vous devriez mieux choisir vos fréquentations, Altesse ! Une telle promiscuité ne vous sied guère !

Alaïs se dégagea avec irritation :

– Depuis hier soir, je promiscuite à tort et à travers, et bien contre mon gré ! rétorqua-t-elle avec mauvaise humeur. Allez, général, faites un bon geste, rendez-moi à mon père et on n'en parle plus !

– Nous allons retrouver nos chevaux, fit Arkos d'un ton glacé, et continuer notre voyage en priant Ciel ou Diable pour que ce retard ne nous empêche pas de sortir du bois avant la tombée du jour. Si la nuit nous surprend ici, l'épisode des brigands nous paraîtra à tous un aimable intermède !

– Ça m'est bien égal ! Je préfère affronter les démons de l'enfer plutôt que le duc Mordred !

Et dans le regard sombre de la jeune femme, Gesserath lut une détermination farouche qui ne lui disait rien qui vaille. Ce ne serait pas bon pour son matricule s'il ramenait à son chef une fiancée sous forme de cadavre !

– Ma dame, dit-il avec effort, essayons d'y mettre du nôtre chacun de son côté. Je fais de mon mieux pour me montrer aimable et je n'en ai pas l'habitude. Alors, s'il vous plaît, ne me compliquez pas la tâche.

La jument blanche aussi avait été rattrapée. Toute la troupe remonta en selle et Arkos donna l'ordre d'accélérer.

Quelques heures plus tard, en passant près d'un ruisseau, l'un des hommes d'Arkos suggéra de se détendre les jambes et de faire boire les chevaux qui n'en pouvaient plus.

– À ce rythme, insista-t-il, on va les crever !

– Ce cavalier a raison, intervint Alaïs qui n'aurait avoué son extrême fatigue pour rien au monde devant l'homme en noir.

Arkos regarda le ciel puis promena sur sa troupe épuisée un regard méprisant.

– D'accord, céda-t-il à regret. Tout le monde pied à terre et faites boire les chevaux !

Il sauta à bas de sa monture qui était aussi noire que ses vêtements, emplit sa gourde en amont du ruisseau et la présenta galamment à Alaïs. La princesse, le fondement endolori, s'était allongée sur la mousse en tâchant de trouver une position pas trop inconfortable.

– Merci, prononça-t-elle avec dignité.

En lui rendant sa gourde, elle effleura sa main gantée :

– Pourquoi faites-vous un tel métier ? demanda-t-elle.

– Un tel métier, ma dame ? s'étonna-t-il.

– Ravisseur de femme ! Ce n'est pas très honorable, vous ne trouvez pas ?

– Qu'est-ce que l'honneur, sinon servir son seigneur de son mieux ? Il commande, j'obéis.

– Et vous ne vous posez pas de questions ? Sur votre âme, par exemple. Sur la noirceur de votre âme. Et sur l'état dans lequel elle apparaîtra devant notre Seigneur Suprême, à l'heure de votre mort !

Arkos émit un rire sarcastique :

– Je ne suis qu'un instrument. Juge-t-on mauvaise la hache, qu'elle s'abatte sur la souche ou sur le crâne de l'innocent ? Du reste, existe-t-il seulement dans ce monde un innocent ?

– En tout cas, pour vous, la question ne se pose pas ! rétorqua Alaïs. Votre réputation est épouvantable ! Vous tuez, massacrez, pillez, brûlez sans état d'âme, on vous dit incapable de sentiments humains.

Vous n'avez donc jamais aimé personne ? Ni mère, ni femme, ni ami ? Pas même un chien ?

Le regard de Guesserath flamboya :

– Remontez à cheval, Votre Altesse, et cessez de jacasser comme une pie ! Allez, vous autres, en route, si vous ne voulez pas nourrir les goules de votre sang !

Le jour déclinait et on ne semblait pas près de voir la fin de la forêt. La halte précédente n'était déjà plus qu'un souvenir. Hommes et bêtes étaient fourbus. Alaïs dodelinait sur sa selle, passant le poids de son corps d'une fesse à l'autre en se demandant comment elle allait pouvoir s'asseoir, les jours suivants. Les soldats ne paraissaient pas en meilleure forme et leurs chevaux écumaient. Seul l'homme en noir se tenait en selle aussi droit que si l'on eût commencé la chevauchée une heure plus tôt ! Sa monture ne semblait pas non plus ressentir la fatigue. La princesse se demanda quelle magie pouvait faire tenir debout ces deux-là.

Soudain, un hurlement à vous glacer le sang s'éleva d'un taillis proche. Les auditeurs tressaillirent tandis que leurs montures bronchaient.

– Qu'est-ce que c'était ? murmura un cavalier.

– Une goule ! bredouilla l'un de ses camarades.

– Un loup, imbécile ! lança Arkos d'une voix ferme. Ces bois en sont farcis !

Les cavaliers s'entre-regardèrent en se demandant silencieusement ce qui était le plus à craindre, des goules ou des loups. Il faisait de plus en plus sombre, et Arkos comprit, d'après l'état des montures et de ses hommes, qu'on ne quitterait pas la forêt avant la nuit. Avisant en bordure de route un terrain découvert, entouré de tumulus de pierres, il ordonna la halte. Sa troupe le dévisagea avec stupeur.

– Si vous obéissez à mes ordres, il n'y aura pas de problème. Corvée de bois pour tout le monde avant l'obscurité complète et n'épargnez pas votre peine ! Nous devrons entretenir le feu toute la nuit !

– Corvée de bois pour moi aussi ? plaisanta Alaïs.

– J'allais vous en prier, Votre Altesse ! Vous viendrez avec moi. Vous autres, par deux, ne vous séparez pas et ne vous éloignez pas trop du camp dans les sous-bois !

Un léger fagot dans les bras, la jeune fille précédait le général qui marchait à courte distance derrière elle. Elle entendait son pas régulier et sa respiration rapide, le choc du bois contre le métal de l'armure, le froissement de la cape contre les taillis. La présence de cet homme la rassurait tout autant qu'elle l'effrayait.

– Nous retournons au camp, dit-il enfin. Veuillez passer devant.

– En cas de péril, je ne vois pas comment vous me défendrez, chargé de tout ce bois, minauda-t-elle en passant près de lui.

– Ne vous préoccupez pas pour cela, ma dame, rétorqua-t-il. Faites-moi la grâce de croire que je connais mon métier !

« Et toc, ça, c'est envoyé ! » se dit-elle.

– Mon père le roi est riche, hasarda-t-elle. On pourrait peut-être…

– Moins riche que le duc Mordred d'Orsmund, mon noble maître. N'ayez pas la sotte prétention de m'acheter !

Une joyeuse flambée s'élançait vers le ciel piqueté d'étoiles, réchauffant les corps et ranimant les courages. Se fiant à l'assurance de leur général, les Orsmundiens avaient tendance à oublier les sortilèges de la forêt d'Antregoule la bien nommée. La lumière des flammes chassait les ombres qui, pourtant, s'agitaient dans les fourrés. Une longue plainte s'éleva, à laquelle, pour se donner du cœur au ventre, les soldats répondirent par une chanson à boire. Alaïs joignit sa voix au chœur des hommes. Arkos dévisagea, amusé, cette jeune princesse si peu farouche qui entonnait des chansons de corps de garde.

– Où avez-vous appris de telles horreurs, Votre Altesse ? demanda-t-il sans dissimuler sa gaieté.

– Dans la salle des gardes de mon noble père. Évidemment, les gardes ne savaient pas que j'étais là !... Mon père non plus !

Ils se mirent tous à rire, jusqu'à ce qu'un hurlement plus proche que les autres les interrompe brusquement. Arkos se leva, prit dans le feu un brandon incandescent et quitta le cercle de lumière. Enveloppé dans sa cape plus noire que la nuit, auréolé par la lumière rougeâtre de sa torche improvisée, il ressemblait à un démon surgi de l'enfer. Quand il fut arrivé à la limite du sous-bois, on le perdit de vue derrière les troncs. On n'apercevait plus que la lueur dansante de sa torche. À bonne distance se produisit soudain une pluie d'étincelles tandis que la voix forte d'Arkos Guesserath prononçait les paroles d'une antique malédiction. Un galop résonna sur la route. L'un des hommes affirma par la suite avoir aperçu dans cette direction l'ombre d'un cheval sans tête. On entendit des piaillements affolés, des craquements de branches brisées, des courses précipitées à couvert des arbres, et puis plus rien – un long silence, encore plus angoissant par sa soudaineté que les bruits précédents. Les soldats sursautèrent quand un pas lourd ébranla le sol derrière eux. Ils se retournèrent. C'était leur général qui revenait. Ils s'écartèrent de lui avec respect – le respect qu'inspire la terreur…

3

Au petit jour, la troupe se remit en route. Il fallut encore plus de deux heures pour parvenir au terme de la forêt d'Antregoule. Les hommes quittèrent les frondaisons avec soulagement. Arkos, toujours impeccable et droit sur sa cavale noire, chevauchait botte à botte avec la princesse. Alaïs avait décidé de jouer une autre carte avec lui.

– Eh bien, général, qu'est-ce qui nous attend, aujourd'hui ? demanda-t-elle, aimable. Une embuscade de nains, une attaque de dragons ou un petit passage dans les labyrinthes de l'Oubli ?

– Nous allons simplement faire un détour par les marais de Paludrac. Suite à votre disparition, l'alerte a dû être donnée dans tout le pays et les autres itinéraires ne sont plus sûrs.

– Ah, parce que pour vous, les marécages de Paludrac sont sûrs ! s'exclama la princesse.

– Tout dépend du niveau où nous situons le danger, rétorqua le général Guesserath. Nous, nous avons surtout besoin de discrétion.

– Çà, pour la discrétion, les sables mouvants et les bébêtes qui grouillent dans le coin seront tout à fait appropriés : nous disparaîtrons sans laisser la moindre trace ! Mais bon, si je me fie à la manière dont vous avez traité nos problèmes d'hier, je veux bien croire que cet itinéraire sera de tout repos.

Il y avait assez d'admiration dans sa voix pour que le général sourît, flatté.

– Disons que je me débrouille avec le peu que je sais.

– Il est vrai que Mordred est maître en magie noire. Vous suivez de bons exemples !

Elle reprit au bout d'un moment :

– Pourquoi suivez-vous la voie du mal, Arkos ? Vous valez tellement mieux qu'un Mordred ! Si vous mettiez toute votre énergie, votre intelligence et votre courage au service d'une juste cause, quelle serait votre force ! Quel héros deviendriez-vous ! N'avez-vous jamais envie d'œuvrer du côté du bien ?

Arkos sourit, sarcastique :

– Que cherchez-vous donc à me dire, princesse ? Que vous êtes du côté du bien ? Que vous êtes une juste cause ?

Alaïs baissa la tête :

– Je n'aurais pas cette prétention. Je ne suis qu'une faible jeune fille et j'ai affreusement peur de Mordred ! On dit qu'il a tué ses femmes précédentes. On dit qu'il est cruel, qu'il est laid, qu'il pue du bec ! On dit que ses sujets tremblent de terreur à son approche. On dit que même les démons de l'enfer le redoutent. Et vous ? Le craignez-vous ?

– C'est mon maître et je le respecte, dit Arkos d'un ton neutre.

– Vous n'essayez même pas de me rassurer, concernant votre maître ? Après tout, il a peut-être des qualités. C'est quand même l'homme que je suis censée épouser !

– Je ne me sens pas le droit de parler de cela. Je ne suis pas une femme. Je… je suppose que vous lui trouverez vous-même des qualités.

– Et si je n'en trouve pas ? Si je le déteste ? Si son contact me révulse, si sa vue me dégoûte et que son odeur me répugne ? Vous me condamnez donc à vivre avec ça ?

L'officier ne répondit pas.

– Arkos, reprit-elle doucement, ce n'est pas lui que j'aime. J'en aime un autre, général. Un autre qui ne sait même pas que je l'aime et qui n'a rien fait pour cela.

L'homme en noir garda le silence.

– Vous ne me demandez pas qui c'est, général ?

– Je ne crois pas que j'aie à le savoir. Si mon seigneur apprend qu'il a un rival, je suppose qu'il me donnera l'ordre de le tuer. Est-ce cela que vous voulez ?

Alaïs se tut et pressa son cheval afin de mettre de la distance entre Arkos et elle. Au bout d'un moment, le général vit les épaules de la jeune fille secouées de mouvements convulsifs. Intrigué, il revint à sa hauteur. La princesse pleurait. Les yeux rougis, le visage ravagé de larmes, elle pressait un mouchoir contre ses lèvres.

– Ma dame… balbutia l'officier, dérouté. Que vous arrive-t-il ? Êtes-vous souffrante ? Comment puis-je… ?

– Non, vous ne pouvez pas, sanglota Alaïs d'un ton tragique. Vous ne pouvez rien pour moi. Vous me conduisez simplement à mon trépas. Oh ! Laissez-moi !

Le temps semblait se mettre au diapason de l'humeur d'Alaïs : des nuées basses couvraient l'horizon, le grondement du tonnerre roulait au loin, et une brume légère montait du sol.

– Nous arrivons dans la zone des marais, avertit Guesserath. Je vais passer devant, la princesse chevauchera derrière moi. Vous autres, en colonne, suivez précisément nos pas. Si vous vous écartez, vous en subirez les conséquences ! On ne s'arrêtera pas pour vous récupérer !

Une odeur de pourriture végétale et de soufre montait du paysage désolé. Une lande d'herbe rase, le sifflement du vent, des troncs d'arbres échoués dans la vase, le glouglou de sources invisibles ridant à peine la surface de l'eau dormante, le cresson dissimulant au regard le triton vénéneux, les sables mouvants, le bouillonnement des gaz empoisonnés, ainsi se présentait le paysage traversé. Guesserath avait mis pied à terre pour éprouver le sol devant lui. Les soldats suivaient, mornes, silencieux, oppressés.

Alaïs n'avait plus ouvert la bouche, peu désireuse de troubler la concentration de l'officier. Ses sanglots s'étaient arrêtés dès lors qu'ils avaient cessé d'intéresser le général. Elle suivait les accidents de la route avec intérêt. Serait-elle capable de prendre ce chemin en sens inverse, si l'occasion de fausser compagnie à ses ravisseurs se présentait ? Elle frissonna. Peut-être vaudrait-il mieux que l'opportunité se présentât en un lieu moins dangereux. La belle affaire d'échapper aux griffes d'un Guesserath pour tomber entre les pattes d'un lézard géant des marais !

Et puis l'imprévisible se produisit. Effrayé par le claquement d'une mâchoire un peu trop près de ses pattes, un cheval fit un écart et glissa, précipitant son cavalier à terre. Cette chute désorganisa la colonne.

– Restez en selle ! Et calmez vos montures ! commanda Arkos.

Mais il ne fut pas entendu. Le cheval tombé sentit la bête vautrée dans la boue, prit peur et se lança dans un galop embarrassé, quittant la route pour la lande traîtresse aux eaux et aux herbes mêlées. Son cavalier commit l'erreur de se lancer à sa poursuite. Quand le cheval commença à s'enfoncer et à pousser des hennissements désespérés, on vit des mouvements inquiétants agiter ce qui semblait tout à l'heure de la terre ferme, et des formes serpentines surgirent de sous les joncs. Des gueules béantes aux dents acérées, au bout de longs cous filiformes, vinrent s'abattre sur la bête et la déchiquetèrent en un instant sous le regard des hommes tétanisés. Comprenant enfin qu'il était en danger, le cavalier démonté tenta de rejoindre ses camarades. Sa course se ralentit, ses pas s'enlisèrent puis, du sable, surgirent de longs filaments rouges et griffus qui s'enroulèrent autour de ses chevilles. L'homme hurla. L'un de ses compagnons fit mine d'aller lui porter secours. Un coup de cravache manié par une main gantée de noir lui écorcha la joue.

– Avancez, imbéciles, avancez ! Vous voulez tous y passer ? Georg n'a eu que ce qu'il méritait. Je vous avais donné l'ordre de suivre mes pas !

Abandonnant Georg dont les cris frénétiques ne résonnaient plus que faiblement, la troupe se remit en route, salement impressionnée.

– C'est encore loin, la sortie ? osa demander Alaïs.

– Encore assez, oui ! Nous ferons halte au château du comte de Paludrac.

– Ah ? Parce que ce charmant endroit possède un maître ?

– Tout endroit en possède un, qu'il soit de ce monde-ci… ou de l'autre.

– Et… à quel monde appartient le maître que nous allons visiter ?

– À celui des bannis que l'on a retirés de la société des hommes. À propos, Votre Altesse, je ne vous conseille pas de demander secours à Urs de Paludrac en vous réclamant de votre parentèle : outre que le comte est un excellent ami de mon maître, c'est à votre père qu'il doit son déshonneur et son exil !

Sous une pluie battante, des bourrasques de vent et des grondements de tonnerre, la troupe d'Arkos Guesserath fit son entrée dans l'enceinte du château. La forteresse ne déparait pas dans la désolation du paysage alentour. On n'aurait pu imaginer plus lugubre tas de pierres que ces murs démantelés, ces tours décapitées, ce donjon menaçant ruine, ces caves voûtées suintant d'humidité où le bruit des pas se perdait. Il semblait ne plus régner aucune activité humaine, ne plus rester trace de vie sur ce bout de rocher perdu au fin fond des marais. Pourtant, Urs de Paludrac accueillit la troupe du mieux qu'il put. Quelques jongleurs faméliques furent mis à contribution. Leurs tours lamentables ne déridèrent point les convives. Alors, pour leur complaire, le comte alla chercher l'aède, un vieillard triste et chenu qui, accompagné par le son nostalgique d'une harpe, se mit à évoquer les hauts faits d'armes des ancêtres de son maître. Alaïs, placée à sa droite, vit le regard d'Urs s'embuer de larmes. Elle pensa que c'était le bon moment pour poser la question qui lui brûlait les lèvres :

– Seigneur, pour quelle raison vous a-t-on exilé ?

Urs eut un sourire triste :

– J'étais jeune, alors, et Jabert pas encore roi. Le prince et moi aimions la même femme. Elle commit le sacrilège de me préférer. Jabert une fois couronné m'en a gardé rancune. Et la rancune d'un roi…

– Le temps a passé, votre femme est morte. Peut-être Jabert Ier aurait-il pu vous pardonner…

– Encore eût-il fallu que je m'abaissasse à le lui demander, s'exclama l'homme en se redressant sur son siège avec orgueil. Et pour quel résultat ? Mes terres ont été confisquées, elles appartiennent à d'autres. Je n'ai pu sauver que ce fief dont personne ne veut. Puis-je reparaître à la Cour en si piètre équipage ? Non, je mourrai ici, dans ces marais, sans être réconcilié. Et en haïssant à jamais Jabert Ier le Jaloux !

– Voilà qui est parler ! conclut Guesserath en adressant à la princesse un sourire sardonique. À bas Jabert Ier !

– À bas Jabert Ier ! reprirent en chœur ses hommes.

– Et maudite soit sa fille Alaïs la Pimbêche ! grommela la jeune fille entre ses dents.

Urs de Paludrac se pencha vers son voisin et murmura en aparté :

– Mon cher Arkos, elle me paraît très bien, la petite fiancée de mon ami Mordred ! Est-elle au moins de noble sang ?

Cette nuit-là, le sommeil d'Alaïs fut troublé par l'humidité ambiante qui imprégnait la chambre, l'odeur de pourriture et le sifflement incessant du vent. La jeune fille fut soulagée de reprendre la route, même pour retrouver les dangers de la veille, monstres serpentiformes et filaments des sables qui avaient peuplé les rêves de ses brèves périodes d'assoupissement. Le reste de la troupe ne semblait guère plus reposé. Seuls Arkos et sa monture, fidèles à eux-mêmes, se présentèrent impeccables au départ. Urs de Paludrac leur fit l'honneur de les accompagner jusqu'au seuil de sa demeure et tint à embrasser la jeune fille sur les deux joues en lui souhaitant sérieusement tout le bonheur possible avec Mordred. À ce moment-là, penchée sur l'épaule du vieillard, Alaïs fut à deux doigts d'avouer la vérité au comte et de lui demander sa protection. Elle le sentait homme à passer sur ses anciens griefs pour sauver une pauvre damoiselle en péril, fût-elle la fille de son pire ennemi. Une main gantée de noir se posa sur son épaule, mettant fin à toute velléité de confidence.

– Nous devons partir, ma dame, une longue chevauchée nous attend.

Elle affronta sans broncher le regard sarcastique de son geôlier et refusa son aide pour se hisser sur le cheval blanc.

Les Ouskits les attaquèrent sur la lande du haut, près des geysers. C'étaient de petits hommes sauvages au visage couvert de barbe et aux longs cheveux emmêlés. Agressifs et méfiants, ils ne supportaient aucun voyageur en transit sur leur terre. Parfois, on parvenait à passer sans éveiller leurs instincts guerriers. Et parfois non ! Si elle les avait affrontés sur place, nul doute que la troupe d'Arkos eût été submergée sous le nombre. Mais le général lança ses cavaliers au grand galop en direction des geysers. De toutes leurs petites jambes, les guerriers nains les poursuivirent à des vitesses variables, si bien que quand Arkos fit faire volte-face à ses hommes et sonna la contre-attaque, les Ouskits étaient complètement dispersés sur la lande et ne purent résister aux cavaliers puissamment armés. En voyant le sort réservé à leurs frères, le reste des Ouskits se débanda en piaillant.

Mais les Ouskits n'étaient pas les plus à craindre. La zone des marais s'achevait. Depuis un moment, le terrain s'élevait en pente raide, le granit affleurait. On fut bientôt en vue d'une montagne coupée en deux par une gorge. Arkos fit reposer bêtes et hommes avant de pénétrer dans ce défilé.

– Nous n'avons pas le temps de contourner la montagne, dit-il. Vous savez ce que cela signifie ?

Le visage des soldats s'allongea.

– Eux oui, apparemment, intervint Alaïs, mais pas moi ! Qu'y a-t-il dans ce défilé ?

– Des orques mangeurs d'hommes, répondit sobrement l'officier.

– Évidemment… Mais vous possédez sans doute un talisman contre les orques, vous connaissez intimement leur chef, ou vous savez la formule qui les transformera en lapins de garenne !

– Non, rien de tout cela, répliqua Guesserath. Je ne connais qu'un seul moyen pour leur échapper.

– Ah oui ? Lequel ?

– Courir !

L'entrée des chevaux lancés au grand galop dans l'étroit défilé provoqua aussitôt une avalanche de pierres qui, fort heureusement, s'abattirent derrière eux sans provoquer une seule victime dans leurs rangs.

– Plus vite ! Plus vite ! criait Arkos.

Mais sa troupe n'avait pas besoin d'encouragements. Et la cavale blanche, supportant la charge la plus légère, n'était pas la dernière à filer. Ce fut même elle qui parvint la première à la barricade de roches éboulées qui bloquait le défilé.

« Alors, là, on est mal ! » songea la cavalière.

Elle fit faire volte-face à sa monture et revint à toute vitesse vers le général.

– Que fait-on maintenant ? cria-t-elle à distance. L'entonnoir est bouché !

La petite troupe stoppa net sa course folle et se regroupa autour du chef à bonne distance des falaises et de la barrière de rochers.

– On parlemente ! décida Arkos. Restons groupés. S'ils attaquent, nous devrons présenter un front uni autour de la princesse.

En formation de hérisson, armes au poing, ils s'approchèrent de l'obstacle. Des silhouettes grotesques s'agitaient sur les roches environnantes. Des cris féroces, des gestes expressifs et des mimiques menaçantes prouvaient assez les intentions culinaires des occupants du défilé. Pattes griffues et couteaux de pierre s'agitaient, prêts à la curée.

– Parlementer... murmura Alaïs, impressionnée. Vous savez parler orque, vous ?

– Non. Mais eux savent parler humain, quand ils le veulent. Ils ont pris des cours auprès de leurs proies...

– On ne plaisante pas avec ces choses-là, d'accord ?

Arkos s'avança à portée de voix et cria en direction des orques :

– Je suis Arkos Guesserath, général en chef de l'armée de Mordred le Cruel, le tout-puissant duc d'Orsmund, et je demande au grand chef des orques la permission de franchir le défilé !

Des vociférations impatientes accueillirent son discours. Une silhouette plus massive que les autres se détacha de la barricade et s'avança vers les humains. En un coassement rocailleux, le Grand Orque répondit :

– Salut à toi, général Guesserath, et bonne chasse à Mordred le Cruel. Que proposes-tu en échange de notre magnanimité ?

– Je te propose un cheval. Bonne viande pour tous les tiens !

– Le cheval blanc ? demanda l'orque.

– Si tu veux. Encore que d'autres soient plus dodus…

– … mais avec la femme qui est dessus !

– Désolé, grand chef, mais cette femme est la fiancée de Mordred. Si je te la donne, mon maître me fera exécuter, or je tiens à ma vie.

– Ta vie ne vaudra rien si tu me refuses la femme sur le cheval blanc.

– Pourquoi une femme ? C'est maigre et ça ne pèse pas lourd. Mes hommes sont mieux pourvus en chair. Et les chevaux encore plus. Deux chevaux pour le passage.

– C'est que des femelles d'hommes, j'en ai encore jamais goûté !

– Trois chevaux !

– La femme !

Arkos échangea un regard avec Alaïs :

– Alors, princesse, à vous de choisir : Mordred, ou l'orque ?

– Donnez-moi une épée et je choisis l'orque ! répondit-elle fièrement.

– Malheureusement, moi, je n'ai pas le choix : c'est Mordred ou rien ! Préparez-vous à combattre, lança-t-il à ses hommes, la diplomatie a échoué ! En formation serrée autour de la princesse ! On va forcer le barrage. On abandonne les chevaux au pied de l'obstacle et on le prend d'assaut en éliminant tout ce qui nous empêche de passer. N'emportez avec vous que le strict nécessaire. On va devoir marcher !

– Arkos, supplia la princesse, donnez-moi une arme ! Je détesterais finir en steak tartare sans m'être défendue !

– Sans blague ! ricana le général. Vous croyez leur faire peur rien qu'en leur agitant une épée sous le nez ?

– Chiche ! cria la princesse en dégainant l'estoc de rechange qui dépassait des fontes d'un cavalier.

Piquant des deux, elle fondit sur la barricade, flamberge au poing, et fut la première à sauter de selle.

– Restons groupés ! cria le général. Tous avec Alaïs ! Vite !

Les assauts des orques se brisèrent sur la résistance des Orsmundiens. Les longues épées des hommes les atteignaient à distance, tandis que les projectiles rudimentaires des mangeurs de chair humaine se brisaient sur les petits boucliers maniables des cavaliers.

– Pour notre duc Mordred, sus ! criait Arkos en se battant comme un beau diable. Pas de quartier !

Faute d'organisation, la troupe des orques finit par se décourager et, abandonnant ses morts sur le terrain, s'enfuit en direction des falaises. De l'autre côté de la barricade, la voie était libre.

– On fonce ! ordonna le général.

Le défilé franchi et une distance confortable établie avec les orques, les Orsmundiens, affalés dans l'herbe, s'efforçaient de reprendre leur souffle.

– Princesse, haleta Arkos, je crois que j'ai des excuses à vous faire !

– À propos de quoi ? s'étonna Alaïs, tout aussi essoufflée.

– De votre aptitude au combat. Vous vous battez comme un Orsmundien !

– Dois-je prendre ça pour un compliment ?

Arkos ne répondit pas, mais son regard était assez éloquent. Alaïs en rosit de fierté.

4

– Cette nuit, nous dormirons dans une auberge, décréta Arkos. Je crois que nous en avons tous besoin !

Après les aventures de la journée, le chemin avait été encore long pour ces cavaliers sans monture, plus à l'aise à cheval qu'à pied. Guesserath prit Alaïs à part :

– Nous sommes sur les terres du marquis de Resnigardt, qui entretient des relations à peine cordiales avec son voisin, mon seigneur Mordred. Ses sujets sont encore moins favorables aux Orsmundiens. J'ai dû sermonner et inspecter mes hommes pour éviter tout signe distinctif et toute provocation qui pourraient nous signaler comme sujets du duc. Je dois vous rappeler votre serment, Altesse. Vous avez donné votre parole de princesse de ne pas vous échapper. Je vais vous demander aussi de vous engager sur la foi du même serment à ne pas nous dénoncer comme Orsmundiens. À ce prix, vous disposerez d'un vrai repas et d'un lit confortable. Si vous estimez ne pas pouvoir tenir ce serment, alors, je serai forcé de vous faire dormir dans la forêt, sans couverture, avec des champignons et des racines crus à manger.

– Je crois que je n'ai pas trop le choix, sourit Alaïs. La joie de vous voir geler pour me garder ne me paraît pas valoir le prix de grelotter moi-même toute une nuit sans rien dans le ventre. Va pour le repas chaud et le lit douillet !

– Votre parole, Altesse ! insista Arkos.

Alaïs le regarda droit dans les yeux et leva la main droite :

– Ma parole de princesse, oui, vous l'avez !

Il l'examina longuement puis hocha la tête :

– Quand vous serez l'épouse de mon maître, j'aurai grand plaisir et fierté à vous servir !

Il ne restait plus que deux chambres disponibles dans l'auberge, leur apprit la servante qui apportait les mets. Comment voulaient-ils s'arranger ? Dans l'une, la dame avec son seigneur, sans doute, et les hommes d'armes dans l'autre pièce ? On pouvait leur dresser des lits à leur convenance. Un soldat ricana, mais le regard du général coupa court à son hilarité.

– C'est la dame de mon seigneur, dit Arkos à la fille d'auberge. Nous lui faisons escorte. Elle dormira seule dans la meilleure des deux chambres. Vous ferez dresser mon lit devant sa porte dans le couloir. Mes hommes disposeront de l'autre pièce.

On frappa à la porte de la chambre qu'occupait Alaïs.

– Entrez ! cria-t-elle.

C'était Arkos. Il resta debout sur le seuil, grande silhouette sombre et embarrassée.

– Je voulais juste m'assurer que tout allait bien et que vous ne manquiez de rien.

Un bon feu flambait dans la cheminée, car les nuits étaient fraîches même l'été, à cette altitude.

– Fermez la porte ! ordonna la princesse. Il souffle un courant d'air abominable !

Guesserath obéit machinalement.

– Il règne un froid de canard dans ce couloir ! reprit plus doucement Alaïs. Installez donc votre couche de ce côté-ci de la porte. Sinon, vous ne serez guère mieux loti que dans la forêt.

– Je vous remercie pour votre sollicitude, ma dame, mais ma place n'est pas ici.

– Je me fie suffisamment à votre galanterie, général, minauda-t-elle. Vous êtes un gentilhomme.

– Il ne s'agit pas de la confiance que vous m'accordez, princesse, mais de ce que pourraient penser les autres… et de la confiance que je m'accorde à moi-même !

Il ajouta avec un sourire féroce :

– N'oubliez pas que je suis un méchant ! Je suis heureux de constater que vous ne manquez de rien. Bonne nuit, Votre Altesse !

La porte se referma sur le général et Alaïs se mordit la lèvre :

« Zut, raté ! » soupira-t-elle.

Fut-ce un cliquetis d'armes qui le réveilla au petit jour, ou bien le courant d'air qui passait sous la porte, à moins que ce ne fût un sixième sens exacerbé par toute une vie de combats ? Arkos sauta du lit où il avait dormi tout habillé – sans son armure, quand même ! – et se précipita dans la chambre de la princesse. Le feu était éteint depuis longtemps et la fenêtre grande ouverte. La fille avait filé. Le général serra les poings :

– Satanée femelle ! grommela-t-il. Je me suis fait avoir en beauté !

Il se rencogna contre le mur de la chambre pour échapper aux regards des gens d'armes du marquis de Resnigardt stationnés devant l'auberge.

– Et elle nous a vendus, en plus ! Parole de princesse, hein ? Je suis le roi des imbéciles ! On m'y reprendra, tiens, à faire confiance à une femme !

Il n'avait plus le temps de réveiller ses compagnons. Sauve qui peut et chacun pour soi ! Au point où en était la mission... Sa seule chance était de retrouver la fille. Son maître lui pardonnerait la perte de six hommes, mais certainement pas l'évasion d'Alaïs. Surtout qu'avec ce qu'elle savait, il y avait de quoi faire traduire Mordred devant le tribunal de ses pairs pour crime de lèse-majesté. Sauf que le duc ne se laisserait pas faire. C'était la guerre assurée ! Si Arkos échouait à récupérer la princesse, il faudrait au moins qu'il la fasse taire. Définitivement…

Il attendit que la patrouille pénètre en force dans l'auberge pour filer par la fenêtre. Tout en courant, il réfléchit : où une princesse en fuite avait-elle une chance de trouver refuge ?

Dans la cellule du monastère que l'abbesse avait mise à sa disposition, Alaïs achevait de faire sa toilette. Elle n'était pas très fière de sa trahison. Mais agir autrement eût été se compromettre encore plus ! Elle n'avait pas les moyens de rentrer seule au palais royal, surtout avec un soudard de la trempe de Guesserath à ses trousses. Son unique salut consistait à mettre le général hors d'état de nuire et à se confier aux bons soins du marquis de Resnigardt.

Le marquis de Resnigardt, justement, se trouvait en fâcheuse posture. Un guerrier tout de noir vêtu, dague au poing, venait de faire irruption dans la pièce où il prenait son bain et le menaçait dans son baquet !

– Seigneur, prononça l'individu d'un ton sinistre, je suppose que vous n'ignorez pas qui je suis.

Uriel de Resnigardt accommoda – il avait une mauvaise vue et la lumière était basse :

– Ne seriez-vous pas… ?

Le costume noir ! Qui lui avait parlé d'un costume noir ?

– Arkos Guesserath ! tremblota-t-il.

Et sa vessie se relâcha dans l'eau du bain.

Arkos Guesserath ! Le marquis ne l'avait jamais vu en personne mais il le connaissait suffisamment de réputation : le stratège le plus habile, le tueur le plus impitoyable, le tortionnaire le plus efficace…

– Que voulez-vous ? demanda Uriel d'une voix mourante.

– La fille !

– La… la fille ? Quelle fille ?

– La princesse ! La gredine qui s'est échappée de mes griffes cette nuit et dont tu connais certainement le repaire, car elle n'a pu se réfugier que chez toi !

– Je… je ne vois pas de quoi vous voulez parler, balbutia le seigneur, éperdu.

– Non seulement tu mens mal, et je vais me faire un plaisir de t'égorger si tu persistes, mais en plus je prévois un tas d'ennuis pour ton petit domaine. Mordred est ton voisin et Alaïs sa fiancée. Si tu t'opposes au duc, il va être très fâché !

– Tout de même, protesta le marquis en éclaboussant le plancher autour de lui, enlever la fille du roi !

– Mon duc ne verra qu'un seul moyen pour empêcher le scandale : prendre les devants et déclarer la guerre au roi et à ses fidèles ! Dont toi, mon petit père ! Ton marquisat se trouve juste sur notre route ! En revanche, si tu m'aides à récupérer la fiancée, tout finit par un beau mariage, c'est la paix assurée, et mon seigneur Mordred t'en saura gré.

Arkos Guesserath avait susurré ces derniers mots à l'oreille de Resnigardt tout en promenant la dague sous son menton.

– Alors, marquis, j'égorge… ou tu coopères ?

– Je-vais-co-o-pé-rer ! articula Uriel entre deux claquements de dents.

Allongée sur la couche de sa cellule, Alaïs repassait dans sa tête les événements des jours précédents. Elle se sentait tranquille, à présent. Enfin, tranquille… elle sursauta quand même lorsqu'on frappa à sa porte. Elle se morigéna : que pouvait-elle craindre en ce saint lieu ?

– Entrez ! cria-t-elle.

Elle eut juste le temps de noter que la bonne sœur était trop grande pour passer sous la porte sans se courber. Trop tard : la nonne avait déjà enlevé sa cornette et la princesse sentit son sang refluer de son visage. Elle regretta de n'être pas du genre à s'évanouir.

– Arkos ! soupira-t-elle.

– Votre Altesse !

Le regard de l'homme flamboyait d'un éclat très mauvais. Il n'avait pas l'air content.

– Je crains, votre Altesse, que vous ne m'ayez faussé compagnie – malgré votre promesse. Et que vous ne nous ayez trahis – en dépit de la parole donnée ! Je me vois donc au regret de vous traiter en conséquence… votre Altesse !

Et il la gifla avec une violence qui la jeta au pied du lit.

– Arkos, écoutez-moi, je dois vous expliquer…

– Plus un mot, princesse, je vous prie ! Ne me donnez surtout pas le prétexte qui me manque pour vous égorger !

Il ôta la corde qui retenait sa robe de bure à la taille et s'en servit pour attacher les poignets d'Alaïs.

– Aïe ! Vous me faites mal ! se plaignit la princesse.

Arkos serra plus fort. Puis il utilisa le bandeau de sa cornette pour empêcher la jeune fille de crier. Ceci fait, l'attrapant par le cou, il la poussa devant lui sans ménagement. Les yeux d'Alaïs s'emplirent de larmes. Ses sanglots furent étouffés par le bâillon.

Dans la cour se tenaient cinq cavaliers en armes montés sur des chevaux frais. Les nonnes offusquées étaient tapies contre le mur, leur voile rabattu devant leurs yeux. Arkos Guesserath sauta sur sa monture, hissa Alaïs et la plaqua brutalement contre son armure.

– Vous remercierez de ma part votre maître, le marquis de Resnigardt, pour toutes ses bontés ! jeta-t-il aux religieuses effarouchées. Allez, vous autres, en route ! Assez perdu de temps !

5

Dans la salle du trône, le général Guesserath mit un genou en terre et s'inclina devant son maître.

– Mission accomplie, mon seigneur ! s'écria-t-il en se frappant la poitrine. J'ai eu l'honneur de convoyer jusqu'ici son Altesse royale la princesse Alaïs, fille de Jabert Ier et votre fiancée.

D'un geste large, il désigna la fille enchaînée, bâillonnée et couverte de la poussière du voyage qui se tenait debout entre ses soldats.

Le duc se leva et se précipita à la rencontre de la princesse :

– Diable ! Arkos, comment l'as-tu traitée ! Tu n'es vraiment qu'une brute, un reître sans éducation !

Des chaînes ! Un bâillon ! Qu'on lui enlève ça tout de suite ! Arkos, tu mériterais le fouet pour ce manque de considération !

L'officier garda un silence impassible pendant que ses hommes s'affairaient. Quand le tissu qui couvrait la bouche de la jeune fille eut été ôté, Mordred examina sa fiancée en silence, puis éclata de rire. Il était plié en deux, il riait sans pouvoir s'arrêter. Ses courtisans, ses soldats, ses serviteurs, jusqu'à sa magicienne favorite, tous le dévisageaient sans comprendre, vaguement inquiets. Son rire cessa d'un coup. Le duc tapa familièrement sur l'épaule d'Arkos :

– Où est la vraie ? demanda-t-il d'un ton glacé.

– La vraie quoi ? s'effara Arkos.

– La vraie princesse, imbécile ! tonna Mordred. Parce que celle-là, désigna-t-il, c'est pas la vraie !

Les soldats et Arkos se tournèrent d'un même mouvement vers la prisonnière qui esquissa un petit sourire gêné.

– Pas la vraie ? balbutia Guesserath.

– Pas-la-vraie ! martela son maître. J'ai eu maintes fois l'occasion de dîner en sa compagnie dans le château de son père lors de cérémonies officielles. En dépit d'une vague ressemblance, je peux t'assurer qu'Alaïs n'a rien à voir avec cette fille-ci !

Arkos bondit à la gorge de la malheureuse :

– Quel est ce prodige ? rugit-il.

– Je vous l'aurais expliqué plus tôt, s'étouffa-t-elle, si vous m'aviez laissée parler. Les mages du roi notre sire l'ont averti que sa fille courait le risque d'être enlevée. Pour prévenir un tel malheur, ils conseillèrent un stratagème. L'entourage immédiat de la princesse a donc continué ses occupations habituelles comme si de rien n'était mais, tandis que la princesse était enfermée dans une tour en grand secret, je pris sa place en public comme en privé.

– Qui es-tu donc ? gronda Arkos.

– Émeline. Doublure de la princesse et auxiliaire féminine de l'armée.

– Sais-tu ce que tu risques ? lui susurra le duc d'Orsmund.

– Je le savais dès le départ, répondit-elle fièrement. Je suis prête ! Prête à donner ma vie pour ma princesse !

– Qu'à cela ne tienne ! Arkos, égorge-la ! Nous réglerons nos comptes plus tard, toi et moi.

Arkos fixa Émeline d'un air furieux puis se tourna vers le duc :

– Suis-je autorisé à vous demander une faveur, mon seigneur ?

– Tu ne la mérites guère ! Je n'ai toujours pas Alaïs, ma situation matrimoniale et politique n'a pas bougé d'un poil, mais en l'absence de témoin, cet enlèvement n'a jamais existé et cette histoire de fausse princesse m'a mis en joie. Tu vois, je suis bon prince, mon petit Arkos. Que veux-tu de moi ?

– Cette mijaurée m'en a fait baver pendant tout le voyage ! Je vous supplie de me laisser en user avec elle à ma guise. Permettez-moi…

Il jeta un nouveau regard féroce à la jeune fille.

– Permettez-moi de m'amuser un peu avec elle avant de la tuer !

Au ton dont il avait prononcé ces paroles, la plupart des assistants frissonnèrent, en dépit de leur habitude des mœurs locales. La principale intéressée n'était pas la moins terrorisée. Mais elle savait qu'il ne servirait à rien de se traîner aux pieds de Mordred. Elle se laissa emmener sans réaction.

Elle avait attendu et redouté cent fois ce moment, le moment où les pas dans le couloir seraient pour elle, le moment où la porte bardée de fer tournerait sur ses gonds et que dans son cachot pénétrerait Arkos. À présent, il se tenait debout devant elle, puissant, menaçant, visage impénétrable et regard glacé. Dissimulant sa peur, elle attaqua aussitôt :

– Franchement, général, vous qui êtes un soldat, vous qui obéissez aux ordres, pensez-vous que j'aurais pu agir autrement que je ne l'ai fait ? Vous, seigneur Guesserath, je vous le demande, comment vous seriez-vous comporté à ma place ?

Le général ne répondit pas mais ses prunelles d'acier flamboyaient.

– Est-ce contre moi que vous êtes en colère… ou contre vous ? demanda-t-elle.

– Contre moi ? s'étonna-t-il. Et pourquoi contre moi ?

– Pour vous être laissé berner par une femme… et un simple soldat !

Guesserath garda le silence.

– Vous allez me tuer, n'est-ce pas ?

Elle ne put empêcher ses lèvres de trembler. Elle s'était pourtant juré de se montrer brave, le moment venu. Elle s'efforça de sourire :

– Je vous en prie, Arkos, dites à vos bourreaux de ne pas trop en faire : je ne suis pas sûre de garder bonne contenance sous la torture !

– Allons ! ironisa l'homme en noir, ton bon roi Jabert Ier ou ta douce princesse Alaïs ne vont-ils pas voler à ton secours ? Ou, à tout le moins, nous proposer rançon pour ton rachat ?

Elle baissa tristement la tête :

– Vous pensez bien que non ! Le petit pion a cessé d'être utile. Qui s'en soucie ? Mon roi doit se réjouir du succès de son stratagème et la princesse est trop sotte pour s'être aperçue de quoi que ce soit ! Pour le reste, Mordred jurera ses grands dieux qu'il n'est pour rien dans cette affaire et tous feront semblant de le croire pour éviter la guerre. Tant pis pour le petit soldat disparu corps et âme qui n'a ni famille ni ami pour pleurer son trépas.

– Pourquoi t'ont-ils choisie, toi ?

– Parce que je suis orpheline, que j'ai avec la princesse une vague ressemblance, et que je sais me battre. Je n'ignorais pas qu'ils m'envoyaient à la mort. Je n'avais qu'à me débrouiller pour m'enfuir en cours de route. Ils m'avaient promis honneurs et richesses si je réussissais.

– Tu as bien failli réussir à Resnigardt. Il s'en est fallu de très peu. Tu es brave ! Mais, dis-moi, comment aurais-tu fait si j'avais accepté de dormir dans ta chambre ?

– Dans ma naïveté, j'avais compté sur mon prestige de princesse pour vous séduire. J'avais cru comprendre que vous éprouviez un léger sentiment pour moi... enfin, pour Alaïs, évidemment !

Arkos eut un sourire narquois :

– Tu ne doutes de rien !

– Pardonnez-moi, général, j'ai compris, à présent : le grand Arkos Guesserath est incapable de sentiments. Ni pour une princesse, ni pour une femme,... ni pour un chien !

Il lui saisit le menton dans sa main gantée de noir :

– À présent que tu es en mon pouvoir, je peux en user avec toi à ma guise, m'amuser de ta personne comme je l'entends, et prendre de force ce que le respect dû à la fiancée de mon maître m'a retenu de ravir, l'autre nuit !

– « Prendre de force » ce que, dès cette nuit-là même, je vous aurais donné de mon plein gré ?

– Crois-tu sauver ta méprisable existence en te soumettant à un ennemi que tu hais ?

– Et d'un, reprit-elle doucement, je n'ai pas l'impression de me « soumettre ». Et de deux, je ne vous hais ni ne vous considère comme mon ennemi.

Le général parut décontenancé par ces paroles. Il fronça un sourcil qui se voulait terrible :

– Tu n'as pas peur de moi ?

– Si fait, j'ai peur ! J'ai eu peur de vous dès notre première rencontre, mais pas pour la raison que vous croyez. Je ne craignais pas la douleur que vous pouviez consciemment imposer à mon corps, mais bien plutôt la souffrance que, sans même vous en rendre compte, vous infligiez déjà à mon cœur.

– Que veux-tu dire ? s'impatienta-t-il.

– Que je vous aime, général Guesserath, d'un amour impossible et tragique parce que sans espoir de retour.

Arkos dévisagea la prisonnière avec stupeur. On ne lui avait jamais parlé de la sorte ! Il faut dire qu'on ne parlait pas beaucoup d'amour à la cour du duc Mordred : à l'instar de leur seigneur, les femmes y étaient vénales et monnayaient leurs caresses. Arkos ne leur accordait pas beaucoup d'intérêt. Quant à l'enfance du général, elle n'avait pas franchement baigné dans un climat affectif épanoui ! Autant dire qu'à défaut de l'être de corps, il était sentimentalement vierge, le général Guesserath ! Il continuait d'examiner Émeline en se demandant si elle ne se payait pas sa tête. Enfin, n'y tenant plus, il l'attira par les épaules et l'embrassa brutalement. Elle répondit à son baiser avec une fougueuse tendresse. Arkos était troublé. Il se prit à rêver que, pour la première fois de son existence, il pût être réellement aimé pour lui-même et non pour le pouvoir qu'il incarnait. Cette idée l'effraya. Il repoussa la jeune fille.

– Tu es complètement folle !

– Oui, folle de vous, mon seigneur !

– Idiote ! Moi, je ne t'aime pas !

– Mais vous embrassez bien. On recommence ?

– Tu es un démon !

– Mais un démon gentil.

– Moi, je ne suis pas gentil ! Souviens-toi que j'ai demandé à Mordred de te faire périr dans les pires supplices.

– Depuis que je vous connais, vous me faites périr à petit feu. Vous ne pouvez me faire souffrir davantage.

– Mes bourreaux trouveront le moyen.

– Eh bien soit, livrez-moi !

Bougonnant et haussant les épaules, Guesserath quitta la cellule et fit claquer la lourde porte derrière lui. Rentré dans son palais, au cours de la nuit suivante, il eut un mal fou à trouver le sommeil. C'était la première fois depuis longtemps…

6

– Qu'est-ce qui t'amène, la vieille ? s'exclama Mordred. Tu me parais bien agitée !

Saraoth avait sollicité ce soir-là un entretien privé avec le duc et tous les courtisans avaient reflué à son entrée. Elle dégageait autour d'elle une telle aura maléfique ! Seul Mordred n'en semblait pas indisposé.

– Ce que j'ai à te dire est grave, mon seigneur !

Elle prit un air mystérieux, inspecta chaque coin de la pièce comme en quête d'un lutin fouineur, puis se planta devant le duc et annonça :

– Les augures sont sinistres, mon maître. Autour de toi, je ne vois que trahison, je ne sens que perfidie !

– Encore heureux ! ricana Mordred. Manquerait plus que je sois populaire, qu'on me soit fidèle et qu'on m'aime, par-dessus le marché ! Jalousie, trahison ? Mais c'est signe de puissance ! Je ferai exécuter les plus imprudents et disparaître les plus dangereux, comme d'habitude. Tu as des noms ?

– Pas encore. Ce sont des signes, de simples signes, dans le vol des corbeaux, dans les excréments des porcs ou dans la configuration des étoiles. Tu connais cette prophétie du mage Pélage…

– « La lune en pamoison, le puissant couronné verra son chef tranché par le fils du dragon », cita Mordred. Mais elle vise un roi, pas moi !

– Tu n'es pas encore roi, mais bientôt le seras. Je dois te mettre en garde, Mordred, la trahison rôde où tu t'y attends le moins.

– Allons ! Je me méfie de tout et de tous ! Je fais goûter ce que je mange, analyser ce que je bois, humer l'air que je respire, surveiller mes ministres, espionner mes conseillers et exécuter régulièrement mes intendants pour impressionner les autres. Même toi, vieille carne, je te fais surveiller !

La vieille eut un rire cassé de corneille :

– Il y en a pourtant un dont tu ne te méfies pas assez !

– Nous y voilà ! Je sais que tu le détestes et que tu ferais tout pour t'en débarrasser, mais je te répète qu'Arkos a moins de raisons que quiconque de me trahir. Il me doit sa fortune, sa puissance, et même ses hardes et l'armure qu'il a sur le dos ! Il sait bien que, s'il me trahit, il perd tout, jusqu'à son nom.

– Tu l'as rendu si puissant qu'on pourrait un jour lui suggérer de s'asseoir sur ton trône.

Mordred ricana :

– En lui faisant commettre mes crimes à ma place, je l'ai rendu si impopulaire qu'on le hait encore plus que moi ! Qu'il tâche de coiffer ma couronne ducale, aussitôt une émeute se chargera de le renverser !

– Sauf si un coup d'éclat venait à redonner à cette marionnette une popularité nouvelle. Le peuple est versatile et sa mémoire est courte : il se montre aussi prompt à brûler qu'à adorer.

– Plus un mot, la vieille, tu me fatigues ! Du reste, lui aussi, je le fais surveiller !

Arkos en avait assez de se tourner et de se retourner sur sa couche en quête d'un sommeil qui le fuyait. À cause de cette maudite femelle ! C'était sans doute une sorcière, elle lui avait jeté un sort. Comment expliquer autrement le tourment qu'il endurait ? Il n'y a pas trente-six solutions pour barrer un envoûtement. Il se leva d'un bond, se couvrit les épaules de sa cape et dégaina son poignard. Puis il se dirigea à grands pas vers la prison. Ses soldats le laissèrent passer, surpris par sa visite tardive et effrayés par son aspect. Sans s'arrêter, il continua sa course jusqu'à la cellule d'Émeline. Torche dans une main, poignard dans l'autre, il entra. La fille ne dormait pas. L'homme examina ses longs cheveux dénoués, ses yeux bruns un peu étirés en amande, le modelé délicat de son visage, sa gorge gracile... Le couteau échappa de son poing et Arkos tomba à genoux devant Émeline. Elle se précipita dans ses bras.

Quelques heures plus tard, allongé sur la paille du cachot, la tête d'Émeline calée contre son épaule, Arkos envisageait l'avenir avec appréhension. Il ne pourrait mentir à son terrible maître. Le redoutable général Guesserath, amoureux d'une prisonnière? La réaction de Mordred serait, à n'en pas douter, déplaisante. C'était grotesque, en effet. Et à la limite de la trahison. Faire passer Émeline pour une passade sans importance, un repos du guerrier, c'était risqué : Mordred ne manquerait pas de sonder la nature des sentiments du général en lui imposant de cruelles épreuves. La cacher? Sur ses terres, rien n'échappait à la vigilance du duc. Pour leur sécurité à tous deux, la solution la plus sage eût été de se séparer. Mais c'était la solution la plus désespérée. Arkos aimait, il était aimé. C'était un tel miracle qu'il ne pouvait supporter l'idée de renvoyer la jeune fille. Mieux valait sans doute avouer la vérité au maître, acheter d'une façon ou d'une autre la faveur de garder la fille auprès de lui, par d'encore plus ignobles crimes s'il le fallait. Émeline n'était rien : elle pouvait être à lui !

Lorsque Arkos Guesserath se présenta, au petit jour, devant Mordred, le duc l'accueillit avec un large sourire :

– Mon petit Arkos a-t-il passé une bonne nuit ? susurra le seigneur, patelin. N'a-t-il rien à me demander, à présent ?

Le général savait que le duc faisait épier ses moindres faits et gestes.

– Si fait, répondit-il en s'inclinant, j'ai passé une bonne nuit et j'ai effectivement une faveur à vous demander : je voudrais garder la captive à mon service comme esclave et comme concubine. Puis-je avoir votre autorisation ?

Il avait demandé cela d'un ton anodin, comme il aurait réclamé un valet pour creuser ses latrines ou un garçon d'écurie pour changer la litière de ses chevaux. Mais on ne trompait pas Mordred aussi facilement :

– Tu sembles montrer beaucoup d'intérêt à notre prisonnière, nota-t-il, doucereux. N'aurais-tu point abusé de tes fonctions lorsque tu convoyais la prétendue princesse ? Eussé-je été cocu par substitution ?

Un autre se serait confondu en dénégations frénétiques : pas Arkos. Il se contenta de fixer son maître droit dans les yeux avec la morgue et le défi tranquilles de l'innocence bafouée. Du reste, le duc savait son général incapable d'une telle trahison et cela l'agaçait. Mordred aurait préféré voir cet homme dur et froid ramper devant lui et avoir des raisons de le faire. Ah, le prendre en défaut au moins une fois ! Mais Arkos était irréprochable ! Paradoxal de la part d'un homme qui avait tant de sang sur les mains et de crimes sur la conscience ? Pas tant que ça, au fond, car il avait versé l'un et commis les autres avec un parfait sens du devoir, une absolue certitude de son bon droit. Inaccessible aux remords comme à la remise en question, ce bon Arkos. Un homme qui faisait tout bien... même le mal ! Et cela énervait Mordred au plus haut point, lui qui adorait jouer avec les défauts de ses contemporains, s'amuser de leurs doutes, salir leur conscience, rabattre leur prétention. Guesserath était inattaquable. Et c'était insupportable, cela ! À moins que... Cette prisonnière ne constituait-elle pas le défaut de la cuirasse ? La fissure qui courait dans le mur de granit ? Cela mériterait qu'on y sonde...

– Amuse-toi bien, mon bon Arkos ! répondit le duc en se frottant les mains. J'aime que mes suppôts soient contents. Garde-nous-la au chaud, cette petite caille. Elle pourrait nous servir un jour…

Le duc ne croyait pas si bien dire. Dans l'après-midi, un émissaire royal se présenta au château. Il remit à Mordred une lettre de sa Majesté. Le duc la décacheta et lut :

« Notre cher fils… »

Ah, ça, c'était plutôt un bon commencement ! Le roi usait avec les grands de son royaume du « Notre cousin », « Notre bon cousin » ou, exceptionnellement, quand il était content, il pouvait aller jusqu'à « Notre cher cousin ». Mais « Notre cher fils »… ! Le duc reprit le fil de sa lecture :

« Nous ne vous cacherons point notre préoccupation : Émeline, l'une des suivantes de la princesse, a disparu voici quelques jours. Fugue ou enlèvement, qui peut le dire ? Or, Émeline est la fille de feu notre ancien ministre Ladislaw, baron de Malkland et pair du royaume – que Dieu ait son âme – et à la mort du baron, nous nous sommes engagé à veiller sur l'orpheline comme sur notre propre enfant. Nous avons pensé à vous, notre cher fils, dont nous connaissons la sagacité et l'entregent. Vous nous rendriez un fier service si vous pouviez enquêter auprès de vos relations pour savoir qui a enlevé la jeune fille ou qui pourrait lui avoir accordé refuge. Un service dont nous saurions nous souvenir, bien entendu. »

Et c'était signé « Son Excellentissime et Sérénissime Majesté Jabert Ier ».

Mordred relut trois fois la lettre pour s'assurer qu'il ne rêvait point. Il tenait la fille d'un pair du royaume, et Jabert se pliait en quatre pour le supplier de la lui ramener ! Finalement, le général Guesserath ne s'était pas si mal trompé ! Et lui, Mordred, avait bien fait de ne pas la tuer tout de suite. Il renvoya l'émissaire avec une belle lettre où il assurait le roi de son entier dévouement et lui promettait de faire tout son possible pour lui ramener sa pupille. Puis il fit appeler Arkos.

– Avec la prisonnière ! précisa-t-il en se frottant les mains.

En se rendant à la convocation, le général était inquiet. Mordred avait-il déjà imaginé un moyen de l'éprouver ? Dès qu'ils furent introduits en sa présence, le duc d'Orsmund se leva de son siège, s'inclina galamment devant Émeline et lui fit un baisemain.

– J'ignorais, ma dame, dit-il d'une voix suave, que vous étiez la fille et héritière de notre regretté et très aimé cousin le baron de Malkland, ancien pair du royaume, ancien ministre royal, seigneur de nombreux autres lieux et honoré de nombreux autres titres. Pourquoi ne pas nous l'avoir dit ?

Arkos blêmit. Émeline, baronne ? Alors, elle était perdue pour lui…

– Je ne savais pas comment vous prendriez la chose, rétorqua Émeline. Être la fille d'un pair du royaume me semblait encore plus périlleux qu'être une simple fille du peuple.

– Voyons ! protesta le duc, une main sur le cœur, je n'aurais pas permis qu'une dame de votre qualité subît le moindre outrage sur mes terres ! Votre tuteur le roi m'a fait parvenir une lettre me priant de vous faire rechercher et ramener à la Cour. Qu'en pensez-vous, baronne ?

– Il me serait agréable, en effet, de rentrer dans mon foyer, répondit-elle prudemment. Mais ne craignez-vous point que je ne dénonce votre tentative d'enlèvement ?

– Allons, baronne, personne n'est dupe et sa Majesté moins que quiconque. Mais le roi ne veut pas la guerre, et vous non plus, je suppose. Vous aurez fait une fugue, je vous aurai retrouvée, et tout ira pour le mieux.

Émeline jeta un coup d'œil en direction d'Arkos, mais ce dernier gardait la tête baissée.

– Tout ira pour le mieux, en effet, ironisa-t-elle, et je veux bien marcher dans votre jeu, sauf, toutefois, à obtenir réparation !

Mordred fronça le sourcil :

– Réparation de quoi ?

– De mon honneur, Mordred ! Vous parliez d'outrage, tout à l'heure. Votre général Arkos ici présent m'a nuitamment visitée dans ma prison. Et ce n'était certes pas pour s'enquérir de mon confort ! Ma réputation est donc entachée.

– Je comprends, dit Mordred gravement. Guesserath s'est fort mal comporté à votre égard. Voulez-vous sa tête ?

– Eh bien, quitte à choisir, je préférerais sa main !

– Certes, fit le duc avec un mauvais sourire, mais la tête d'un homme est tout ce qu'on peut offrir en réparation de l'honneur d'une dame… lorsque cet homme est indigne de sa main !

Ce fut au tour d'Émeline de pâlir :

– Comment cela ? s'étonna-t-elle. Votre général, indigne de m'épouser ? Est-il de si petite noblesse ?

– Il n'est point noble, Madame, même pas seulement roturier… Ce n'est qu'un serf !

– Quoi ?

Elle se tourna vers Arkos qui avait détourné la tête, accablé.

– Un esclave ! reprit le duc, satisfait de son effet. À peine plus que du bétail. Attaché à ma terre comme à ma personne. Et sur lequel j'ai droit de vie et de mort. Vous comprenez à présent, Madame, pourquoi je vous offre sa tête en réparation de son crime. Tout ce qu'il peut espérer de vous, c'est sa mort !

Guesserath tomba à genoux. Sa mort ! Il ne l'avait jamais tant désirée qu'en cet instant. L'amour à peine entrevu, il le perdait. Et cette grande dame qui avait prétendu l'aimer ne le toiserait plus désormais qu'avec dégoût !

La baronne garda le silence. Çà, pour une surprise… Comment aurait-elle pu imaginer que l'homme de confiance du duc Mordred, l'officier le plus puissant de son duché, celui qui commandait à ses troupes, fût d'origine servile ? Quoiqu'à y bien réfléchir… C'était s'attacher une créature de façon indéfectible, que de la prendre si bas pour l'élever si haut ! Une créature capable de toutes les compromissions et de toutes les bassesses, à laquelle le sens de l'honneur faisait fondamentalement défaut…

Quand Mordred eut suffisamment savouré sa victoire, il se tourna vers Arkos et lui ordonna sèchement de sortir :

– Va nous attendre dehors, toi, nous avons à parler en privé, Madame et moi.

Arkos salua nerveusement et se retira.

– Jouons carte sur table, baronne, commença le duc. Que représente mon général pour vous ? Un ennemi dont vous voulez la tête… ou un amant que vous voulez à votre discrétion ? Je n'ai pas été dupe de votre petite comédie à tous deux. Guesserath est plus expéditif quand une prisonnière l'indiffère, il se contente de l'égorger sans état d'âme. Il est avant tout technique et efficace, ce bon Arkos, et n'a guère d'appétence pour la torture…

Il émit un rire de hyène :

– … contrairement à moi ! Mais la pudeur féminine – ou une honte bien légitime – vous empêche sans doute de me dire le fond de votre pensée. Du reste, peu m'importe. Que vous vouliez Arkos pour le faire périr dans les pires supplices ou pour l'aimer d'un amour coupable et caché, je suis tout prêt à vous le céder. Mais…

– Mais… ? répéta Émeline, inquiète.

Mordred soupira : il fallait tout lui expliquer, à cette dinde !

– Vous êtes la pupille du roi, il s'entremet pour vous récupérer, vous devez avoir son oreille. Alors, parlez en ma faveur, faites-moi obtenir la main de sa fille Alaïs. Arkos sera à vous dès que mes noces auront été célébrées.

Émeline eut un sourire triste :

– Je crains que vous ne m'attribuiez sur Jabert Ier une influence que je n'ai point. De plus… que ferai-je d'un serf?

– Allons, vous autres femmes avez des armes que nous n'avons pas. Là où mes armées et mes appuis politiques n'ont pu vaincre, je ne doute pas que vous saurez convaincre. Quant à Arkos, je pourrais l'affranchir. Mais seul un roi a le pouvoir de l'anoblir…

Émeline baissa les yeux et garda le silence.

– Bon, c'est dit! reprit le duc en se frottant les mains. Pendant que je prépare l'expédition qui vous ramènera chez votre tuteur, faites-moi la grâce d'accepter mon hospitalité. Par ailleurs, quels que soient vos sentiments envers mon général, il vaut mieux qu'il ne vous approche plus pendant un certain temps.

Lorsque Émeline de Malkland eut été conduite sous bonne escorte dans ses appartements, Mordred rappela son vassal:

– Tu viens de dégringoler vertigineusement dans l'estime de la baronne! ricana le duc. Les femmes sont versatiles. Celle-ci n'éprouve désormais plus que dégoût et aversion pour toi. Si tu avais entendu les propos qu'elle a tenus à ton encontre ! Oh, je ne me fais pas de souci, va, je sais que tu n'es pas assez naïf pour avoir cru à ses grimaces. Elle n'a cherché à t'enjôler que pour sauver sa peau.

Arkos se taisait, mais Mordred connaissait assez son suppôt pour savoir qu'il le piquait au vif et il ne s'en privait pas !

– Je te propose de prendre ta revanche. Cette garce te cédera de gré ou de force, je t'en donne ma parole, si tu fais ce que je te dis…

Guesserath s'attendait au pire : il ne fut pas déçu !

– Je te charge d'escorter la baronne à la cour de Jabert Ier. Par crainte du scandale, elle tâchera de faire bonne contenance et gardera le silence sur ce qui s'est passé entre vous. Toi, une fois là-bas, rends-toi indispensable, fais l'aimable avec tout le monde, noue des relations avec les conseillers du roi. Travaille à mon succès. Achète les sympathies et les consciences. Écarte de mon chemin tout ce qui fait obstacle à mon mariage puis à mon accession au trône, par la ruse, la force ou le meurtre s'il le faut. Aide-moi à prendre la place de Jabert Ier et je te donnerai la baronne. Je ferai de toi le plus riche et le plus puissant de mes vassaux !

Il reprit son souffle :

– Mais attention, mon bon Arkos, ajouta-t-il avec une douceur féroce, j'ai le pouvoir de lire en ton âme. Je l'exige tout entière à ma dévotion. La baronne, fine mouche, va tenter d'user de son charme pour te gagner à la cause du roi. Ne te laisse pas prendre à son petit jeu hypocrite. Le moment venu, rappelle-toi qui est ton maître, souviens-toi que ta puissance, ta gloire et ton existence même ne dépendent que de moi !

7

Le duc d'Orsmund prit tout son temps pour préparer le voyage d'Émeline. En attendant, il tenta d'impressionner la jeune fille par le déploiement de ses forces armées qu'il fit parader sans trêve sous les fenêtres du château. Il essaya de l'éblouir par des fêtes, des chasses et des banquets plus somptueux les uns que les autres. Mais Émeline ne se sentait pas à son aise au sein de cette cour superficielle et guindée, travaillée par une terreur sourde et une servilité morbide envers le duc. Elle n'avait plus revu Arkos, envoyé en mission à l'autre bout du duché.

Guesserath venait de rentrer. Avant même d'avoir pris le temps de se changer, il se présenta devant son maître pour lui rendre compte de son action.

– Mon petit Arkos, tu as réalisé comme toujours un excellent travail. Tu as fait passer aux remuants bourgeois de la ville d'Arshwood l'envie de se rebeller contre mon autorité. À présent que nous sommes tranquilles, je peux condescendre à me séparer de toi quelque temps. Tu connais ta prochaine mission : officiellement, tu es chargé de convoyer la baronne de Malkland jusqu'à la capitale et de la remettre au roi. En réalité, tu vas là-bas pour m'ouvrir par tes manigances le chemin du pouvoir. Saraoth a préparé la potion.

Guesserath eut un mouvement de recul.

– Qu'est-ce qui t'arrive ? grinça le duc. Tu te doutes bien que, pour une telle tâche, j'ai besoin de voir tout ce que tu fais et d'entendre tout ce que tu dis. Songerais-tu à me trahir ?

Arkos secoua la tête et fit la grimace :

– Cette potion est tellement mauvaise !

– Ne fais pas l'enfant, Guesserath. Suis-moi !

Par un passage secret pratiqué dans le mur de la chambre ducale, ils descendirent dans les souterrains du château. Une vaste cave voûtée servait de laboratoire à Saraoth. C'est là qu'elle préparait filtres et enchantements, là qu'elle tramait ses machinations, là qu'elle expérimentait ses nouvelles recettes sur des prisonniers. D'ailleurs, dans des cages accrochées aux voûtes du plafond, se tenaient les résultats ratés de ses travaux, créatures à demi transformées, répugnantes, mi-hommes, mi-bêtes, privées de raison, grognant, bavant, sifflant. En passant devant ces cages, Arkos leur jeta un coup d'œil blasé. Connaissant les sentiments de Saraoth à son égard, il ne doutait pas qu'un jour, s'il déplaisait au maître, il finirait comme cela…

Saraoth se tenait debout devant son chaudron où cuisait un infâme ragoût. La mixture dégageait un puissant fumet d'égout et des bulles vertes venaient crever à sa surface dans un « blop ! » de mauvais aloi. L'estomac d'Arkos se souleva.

– C'est prêt ! lança la sorcière, la mine gourmande. À table !

Elle préleva une louche de l'atroce breuvage, la versa dans une fiole au col évasé et l'agita fortement. Mordred suivait ses préparatifs avec intérêt. Arkos ne songeait qu'à l'instant où il lui faudrait avaler ce truc immonde.

– Bois ! ordonna enfin la magicienne en lui tendant la fiole. Bois jusqu'à la lie !

Arkos jeta un coup d'œil suppliant à son maître :

– Et si je vous faisais parvenir chaque jour un rapport par pigeon voyageur... ?

Mordred tendit un doigt impératif vers la potion. Il n'y avait plus qu'à s'incliner. La mort dans l'âme et le cœur au bord des lèvres, Guesserath bloqua sa respiration et vida la fiole d'un trait. La dernière goutte avalée, il laissa échapper le récipient de verre qui se brisa sur les dalles du laboratoire, et il tomba à genoux, le teint gris, les entrailles en feu, terrassé par la douleur familière. Silencieusement, il maudit Saraoth, Mordred et son destin tandis qu'il se tordait au sol, serrant les dents pour ne pas gémir. Il savait que le duc l'observait avec un plaisir sadique, et il se demanda soudain si Saraoth ne rajoutait pas des ingrédients spéciaux dans son maudit filtre pour la seule joie de le voir souffrir ! Dans une demi inconscience, il entendit la voix grinçante de la sorcière prononcer au-dessus de sa tête la formule sacramentelle :

« *Simul magistro fiat haec potione bibendum. Oculi magistri auriculaeque fiat…* »[1]

Sur ce, Arkos perdit connaissance.

Guesserath était parfaitement rétabli lorsque la caravane s'ébranla, le matin suivant. Le duc avait bien fait les choses : l'escorte de la baronne se composait d'un intendant, de vingt cavaliers en uniforme d'apparat, de trois chambrières, d'un cuisinier flanqué de quatre marmitons, et du général Arkos Guesserath lui-même. Une escorte presque royale ! Arkos chevauchait en tête. Il avait sèchement salué la baronne au moment du départ et, depuis, ne lui avait plus une seule fois adressé la parole. Délaissant le car-

1. « Qu'en buvant cette potion, il devienne semblable au maître. Qu'il devienne les yeux et les oreilles du maître… » À l'attention des puristes : c'est du latin de cuisine, évidemment !

rosse somptueux dans lequel elle voyageait avec ses caméristes, Émeline fit seller un cheval et se porta à la hauteur de Guesserath.

– Arkos, commença-t-elle doucement, vous m'en voulez ?

– Moi ? bougonna-t-il. Pourquoi vous en voudrais-je, Madame ?

– Pour vous avoir caché ma véritable identité.

– Ah ? rétorqua-t-il, sarcastique. Parce que c'est votre véritable identité ? Mais je m'attends à tout, venant de votre part : à ce que vous ne soyez pas plus baronne que moi, ou alors à ce que vous soyez la sœur du roi.

– Quand je disais que vous m'en vouliez !

Ils cheminèrent un long moment en silence. Émeline cherchait désespérément le moyen de dérider Arkos.

– Prendrons-nous le même chemin amusant qu'à l'aller ? demanda-t-elle d'un ton badin.

– Non. Plus besoin de nous cacher, cette fois. Le voyage sera beaucoup plus tranquille. Que nous passions par le territoire des alliés de mon maître ou sur les terres des amis du vôtre, le trajet ne devrait pas nous réserver de grandes surprises.

– Ah, je m'ennuie déjà ! bâilla-t-elle plaisamment.

Guesserath esquissa un sourire. Il n'avait aucune envie d'être aimable avec cette grande dame. Mais son attitude ne devait pas non plus compromettre sa mission !

Au cours du second jour, on quitta les terres ducales pour entrer sur celles de la comtesse de la Garche. Les relations n'étaient guère amicales entre cette dame et Mordred, comme entre le duc et chacun de ses proches voisins – du moins ceux qui n'étaient pas encore réduits à l'état de vassaux. Mais la baronne de Malkland servait de laissez-passer. Gertrude de la Garche tint à recevoir les Orsmundiens dans son propre palais : on n'est jamais trop prudent, mieux vaut garder ses ennemis à l'œil sous couvert de prévenance et d'amitié. Un festin fut organisé en l'honneur d'Émeline. Au nombre des convives figurait un homme jeune, de taille moyenne et aux traits réguliers, qui portait une robe blanche de mage. Dès qu'il vit la baronne, il se précipita vers elle :

– Ben Beewood ! s'exclama-t-elle joyeusement. Que fais-tu donc ici ?

– Je suis là pour toi, Émeline. Quand j'ai appris que les Orsmundiens te retenaient prisonnière…

Elle jeta un regard circulaire en lui faisant signe de se taire :

– Pas prisonnière, dit-elle à mi-voix, j'étais leur invitée !

– Bon, quand j'ai appris que tu étais leur… invitée, insista-t-il, j'étais fou d'inquiétude ! J'ai demandé au roi la permission de voler à ta rescousse… enfin, à ta rencontre, pour t'aider si je le pouvais.

Arkos s'approcha du couple, sourcils froncés. Émeline s'empressa de présenter les deux hommes l'un à l'autre :

– Arkos Guesserath, général en chef du duc Mordred, qui dirige mon escorte ; Ben Beewood, magicien réputé à la cour et ami de longue date.

Ben et Arkos se saluèrent froidement et s'observèrent avec méfiance.

– Sa Majesté Jabert Ier a envoyé Ben à notre rencontre, continua la jeune fille. Il va se joindre à nous jusqu'au palais royal.

Guesserath ne put réprimer un mouvement d'impatience. Le mage le fixa avec impertinence mais le général ne faisait pas mine de s'en aller. Ben finit par demander :

– Puis-je espérer m'entretenir seul à seule avec Madame, à présent ?

Arkos lui jeta un regard noir avant de tourner les talons. Ben Beewood le suivit des yeux un long moment :

– Ainsi, c'est donc ça, le fameux général Guesserath ? jeta-t-il. L'âme damnée du duc, le boucher d'Orsmund, le… ?

– Ça va ! coupa Émeline. Je suis ici sous sa protection.

– Sa protection ! ricana Ben. Autant être protégée par un scorpion ! Je ne sais pas ce qui me retient de lui jeter un sort…

– Eh bien retiens-toi ! rétorqua la jeune fille sèchement. S'il lui arrive malheur par ta faute, je ne donne pas cher de notre peau ! Tout incident nous retarderait sur le chemin du retour, et j'ai hâte de rentrer au palais, figure-toi !

– Bon, ne te fâche pas ! Mais avoue qu'il mériterait…

– Je te demande de la boucler ! scanda-t-elle à mi-voix. Les Orsmundiens sont nos amis et je suis leur invitée, ne l'oublie pas !

Beewood maugréa dans sa barbe. À ce moment, Gertrude de la Garche invita les convives à prendre place à table, ce qui fit diversion. Dans la bousculade qui suivit, Arkos Guesserath s'arrangea pour être placé à droite d'Émeline tandis que Ben Beewood se glissait à sa gauche. Pendant tout le repas, le mage ne cessa d'entretenir sa belle voisine de propos de cour, tandis que le général gardait un silence renfrogné et réfléchissait au meilleur moyen de faire périr le satané bavard de male mort !

Le soir venu, Émeline déclina l'offre de ses deux chevaliers servants qui se disputaient l'honneur de monter la garde devant sa porte.

– Je crois que je ne risque rien dans le palais de la Garche, s'exclama-t-elle en riant. Allez dormir tous les deux, vous devez être en forme pour reprendre la route demain matin.

Le cortège s'élança de bonne heure le lendemain sous les vivats de la foule et les protestations d'amitié de la comtesse Gertrude trop heureuse de se débarrasser de ses encombrants visiteurs. Elle détestait voir des gens d'armes du duc d'Orsmund traverser ses terres, même en petit nombre et soi-disant bardés de bonnes intentions !

L'humeur d'Arkos était massacrante. Durant tout le trajet, ce damné Ben Beewood était resté auprès d'Émeline, vautré dans son carrosse ou chevauchant botte à botte avec elle, à bavarder sans arrêt. Arkos aurait dû reconnaître que depuis le début du voyage, il n'avait rien fait, lui, pour que la baronne recherche sa compagnie. Au contraire ! Mais le général ne savait pas parler aux femmes. Son éducation avait été uniquement guerrière, il manquait des raffinements de la culture et ignorait tout des compliments galants qui plaisent aux dames de qualité, toutes choses dont Ben Beewood disposait à revendre, comme semblaient le prouver les rires, les gloussements et les éclats d'une conversation animée en provenance du carrosse. Arkos enrageait !

Depuis la veille, le trafic se densifiait sur la piste qui menait à Sagra, et les rumeurs les plus contradictoires couraient. Guesserath envoya deux hommes aux nouvelles. Ils revinrent catastrophés : la route était coupée. Le chérifat de Sagra, petit État indépendant, connaissait une fois de plus la révolution. Tant que la situation politique ne se serait pas stabilisée, les frontières resteraient fermées. Un groupe réduit de deux ou trois personnes aurait eu une chance de passer, mais une escorte d'une trentaine d'individus, c'était exclu. Il faudrait faire un détour par les territoires voisins : un détour de quatre à cinq jours au bas mot, si tout allait bien ! Arkos soupira. Il remonta la colonne jusqu'au carrosse. À l'intérieur, on entendait les éclats de voix de l'agaçant Beewood :

– … Et celle de l'Orsmundien qui veut repeindre son plafond, vous la connaissez ?

Avant qu'on ait pu apprendre la suite, le général frappa à la portière. Un coup à la défoncer ! Dans le carrosse, le mage et les chambrières sursautèrent. Pas Émeline qui avait vu se profiler la silhouette du cavalier.

– Eh bien, que se passe-t-il, général ? demanda-t-elle.

– Un contretemps fâcheux, grommela-t-il. Les frontières du chérifat de Sagra sont fermées.

– Encore une révolution ! soupira la jeune femme. Que faisons-nous, général ? Nous attendons ici que ça se stabilise ?

Guesserath hocha la tête :

– Si mes renseignements sont bons, ça risque de prendre du temps.

– Et vos renseignements ne peuvent qu'être excellents, intervint perfidement Beewood, puisque ce sont vos agents qui déstabilisent cette partie du monde !

Arkos sortit à demi son épée du fourreau, l'air menaçant.

– Osez nier, Guesserath ! insista le magicien. C'est vous-même qui commandez à ces sbires ! Tout le monde sait cela !

Vaincu, Arkos relâcha son épée. Il était notoire, en effet, que le duc Mordred avait des vues sur le chérifat.

– Nous allons faire le tour, bougonna-t-il. Par le sud.

– Mais c'est un désert ! protesta Ben Beewood.

– Préférez-vous passer par les montagnes de la Hürle avec ses orques et ses glaciers ?

– D'accord ! Et arrivés aux rivages d'Euphrémès, on fait quoi ?

– On affrète un bateau.

– Dans ce cas…

Le cortège repartit plein sud, laissant de côté la route de l'est et la révolution sagréenne.

À la nuit, on atteignit le bourg d'Alcala. Une activité extraordinaire y régnait : les marchands et voyageurs refoulés aux frontières de Sagra cherchaient des chameaux, des yacks, des guides, de l'eau et des vivres pour affronter le désert des Moungouzes, si bien que ces denrées atteignaient à présent des prix exorbitants. Arkos laissa Zenghi l'intendant traiter avec les tribus nomades afin de constituer une caravane au meilleur coût. Quant à lui, il entreprit de trouver un hébergement pour toute sa troupe. Ce ne fut pas difficile : la vue de l'uniforme des soldats orsmundiens suffit à faire le vide dans l'auberge choisie. Leur réputation de brutalité était bien établie…

Il faudrait se serrer un peu pour la nuit. La meilleure chambre fut réservée à Émeline de Malkland et à ses servantes. Le maître queux et ses marmitons établirent leurs quartiers dans la cuisine. Le reste du personnel s'installa comme il put. Pour éviter la promiscuité des soldats, Ben Beewood se constitua un lit de fortune sur un banc de la grand salle. Il dormit mal, cerné par des ivrognes bruyants qui jouèrent aux dés jusqu'à pas d'heure !

Le lendemain, avant même le lever du jour, une longue caravane de yacks et de chameaux s'étirait devant l'auberge, sous le regard envieux des voyageurs moins riches qui n'avaient pu trouver de quoi assurer leur traversée. Arkos houspilla sa troupe. Parfaitement disciplinés, les soldats furent prêts en un clin d'œil. Trois nomades moungouzes, enveloppés dans leurs amples vêtements en poil de yack et montés sur des chameaux dédaigneux, surveillaient les préparatifs de leur regard énigmatique. L'aube se levait à peine quand la colonne s'ébranla. Les soldats avaient troqué leurs chevaux contre des chameaux, Émeline et ses chambrières étaient installées dans des palanquins[2], les bagages suivaient à dos de yacks. Contre l'avis des guides, Arkos Guesserath avait tenu à garder sa jument couleur de nuit.

Le désert des Moungouzes, au sud du royaume, était une vaste étendue de pierres et d'herbe rase, brûlante en été, glaciale en hiver, où le vent régnait en maître. Domaine des bergers nomades qui élevaient les chèvres dackoy, les yacks mouchetés et les chameaux à poils longs, c'était aussi la terre de prédilection des légendes. On disait qu'y sévissaient toujours le tigre à dents de sabre, le rhinocéros laineux et le caméléon géant qui avale un yack entier d'un coup de langue. Quant au serpent à deux têtes et au mouton à cinq pattes, c'était monnaie courante. Bref, le désert des Moungouzes était une terre inhospitalière et inquiétante où l'on ne

2. Palanquin : sorte de chaise ou de litière pour permettre un transport plus confortable à dos de chameau.

s'aventurait que forcé par la nécessité et toujours sous la conduite de guides expérimentés.

Ils n'étaient pas bavards, les guides que Zenghi l'intendant avait engagés, trois hommes dans la force de l'âge, dont le plus vieux portait en travers du visage une longue balafre qui l'avait éborgné. D'un chameau à l'autre, ils échangeaient des signes ponctués de gloussements et de sifflements. Pour l'heure, les quatre femmes juchées sur leurs montures flegmatiques semblaient exciter leur hilarité. Il faut dire qu'elles n'en menaient pas large, ainsi perchées. Les hommes non plus, d'ailleurs, plus à l'aise à cheval qu'à dos de chameau. Émeline tâchait de garder bonne contenance. Derrière elle, Ben Beewood pestait, empêtré dans sa robe blanche. Arkos piqua des deux et se maintint à hauteur du guide le plus âgé. Il articula quelques mots en langage indigène, du moins Émeline, qui ne comprenait pas le moungouze, le déduisit-elle au silence qui suivit. Les trois nomades échangèrent un rapide regard et se tinrent cois désormais.

– J'ignorais que vous parliez leur dialecte, lança-t-elle quand le général fut à portée de voix.

– Il y a des mercenaires moungouzes dans notre armée, expliqua Guesserath.

– Et que leur avez-vous dit ?

– Que s'ils ne cessaient pas de se moquer de vous, j'allais leur arracher la langue.

– Ils vous ont cru ? sourit-elle, incrédule.

– Pourquoi ? rétorqua-t-il. M'en croiriez-vous incapable ? C'est pourtant ainsi qu'on punit les bavards, dans notre armée !

Et il jeta un tel regard à Beewood que celui-ci manqua de s'étrangler.

– On peut savoir ce qu'ils se disaient ? demanda Émeline.

– Ils évaluaient votre valeur marchande, répondit Guesserath. Mais je leur ai dit qu'à mon avis, c'était très largement surévalué !

Il battit en retraite avant qu'Émeline ait eu le temps de riposter.

Le soleil de midi pesait de toute sa chaleur sur la petite troupe somnolente qui oscillait au pas lent des chameaux. Certains soldats pris de nausées avaient mis pied à terre. Le désert plat avait cédé le terrain à un relief de falaises blanches déchiquetées par l'érosion. Elles semblaient surgir de la terre aride comme autant de chicots dans une mâchoire de géant. Un terrain propice à une embuscade, se dit machinalement le général Guesserath, car c'est tout à fait là qu'il aurait tendu la sienne s'il avait eu à le faire. À cette pensée, il se secoua et redressa un peu trop sèchement le cou de sa monture, laquelle hennit, indignée, sous la douleur du mors. Un hennissement proche lui répondit.

– Orsmund, à moi ! cria Arkos.

Il dégaina son épée.

– C'est un piège ! Tout le monde pied à terre et dos à la falaise !

Ce réflexe sauva sans doute la vie au plus grand nombre. Réveillés en sursaut, les hommes dégringolèrent maladroitement de leurs chameaux et se regroupèrent autour de leur chef qui avait gagné une éminence, entraînant la monture d'Émeline avec lui. Surgirent alors de derrière les falaises trois groupes de malandrins armés jusqu'aux dents de piques et de frondes, de sabres et de masses d'armes, juchés sur de petits chevaux fessus, le visage dissimulé sous des foulards bariolés. En poussant des cris de hyène, les pillards piquèrent des deux en direction de la troupe. Ils furent bien accueillis ! Sous les ordres de leur général, les Orsmundiens s'étaient ressaisis et se battirent comme de beaux diables, évitant la honteuse déconfiture. À prudente distance, les guides, sales traîtres, hurlaient des encouragements à leurs compatriotes. Mais cela ne suffit pas à soutenir leur moral. En effet, les pillards avaient l'habitude de prendre leurs proies par surprise et n'avaient affaire le plus souvent qu'à de paisibles marchands qui préféraient la fuite à la résistance armée. Les Orsmundiens, eux, savaient que s'ils fuyaient, on leur couperait les oreilles – leurs officiers le leur avaient assez souvent seriné – et sous le regard du général, il était encore moins question de se défiler. Aussi se battaient-ils avec la force du lion et l'énergie du désespoir, suffisamment, en tout cas, pour que la troupe de vingt guerriers mette en fuite une centaine de brigands décidés. L'un après l'autre, les Moungouzes tournèrent bride et se perdirent dans les contours flous du désert. Avant que le guide borgne ait disparu avec ses congénères, le général cria dans sa direction :

– On se retrouvera, Moungouze, foi d'Arkos Guesserath, et ce jour-là, non content de t'arracher la langue, je te ferai sauter le dernier œil qui te reste à la petite cuiller !

Cette promesse le soulagea un peu. Restait à compter les pertes. Elles étaient lourdes. Cinq hommes avaient péri ou s'avéraient trop mal en point pour être d'une quelconque utilité. Les trois chambrières avaient été emmenées par les nomades sur les chameaux qui les portaient. Le cuisinier et deux gâte-sauces avaient disparu – morts, en fuite ou enlevés – ainsi que les bagages avec les yacks et la plupart des chameaux. Il restait en tout et pour tout neuf montures dont la fidèle jument d'Arkos, et les survivants ne disposaient, en fait d'eau et de vivres, que de ce qu'ils portaient sur eux : une gourde à moitié vide et des biscuits de survie. À cela, il fallait ajouter les armes et la cape de leur uniforme qui pouvait leur servir de couverture pour la nuit.

– Zenghi, maudite canaille, tu peux te vanter de savoir choisir tes intermédiaires ! maugréa Guesserath.

Les autres s'entreregardèrent, inquiets. Arkos prit conscience du soudain silence et chercha l'intendant du regard. En vain. Comme le cuisinier, l'intendant avait disparu. Arkos soupira. Il faut dire que les méthodes de son maître, le duc d'Orsmund, n'incitaient guère à la fidélité. Nul doute qu'après un coup pareil, la tête de Zenghi serait tombée. Qu'il ait contribué à monter l'embuscade ou qu'il ait été berné, l'intendant avait préféré la fuite aux conséquences de ses actes. Arkos tourna son regard vers Émeline. Une seule chose comptait vraiment pour lui : que la baronne fût saine et sauve. Elle l'était. Elle semblait juste sous le coup de l'émotion. Le maudit Ben Beewood aussi était sauf – malheureusement ! Pour l'heure, il s'efforçait de soulager les blessés. Arkos devait reconnaître que le mage, tout intellectuel qu'il fût, avait fait bonne contenance au combat, jetant des sorts à tour de bras, changeant un Moungouze en porc, en rigidifiant un autre, stoppant net quelques chevaux lancés au galop. Dans la poussière et le vacarme de la bataille, Arkos n'en était pas certain, mais il lui avait semblé que l'un des attaquants, mettant pied à terre, avait même embrassé le chameau de Ben en l'appelant « maman » !

– Ne traînons pas, dit Guesserath quand ses hommes eurent repris leur souffle. Le chemin est encore long et je ne donne pas cher de notre peau si nous ne trouvons pas un abri avant la nuit !

Dans l'obscurité, le vent glacial du désert, les bêtes sauvages et les nomades auraient bien vite raison de la troupe harassée.

– Vous connaissez le chemin ? fit Émeline à mi-voix en s'adressant au général.

Ce n'était pas une question, cela se voulait plutôt une affirmation. Arkos aurait voulu pouvoir la rassurer.

– C'est tout droit, déclara-t-il.

– Ah pardon ! intervint Ben Beewood entre deux pansements. Ce serait tout droit si nos guides nous avaient menés jusqu'alors dans la bonne direction. Mais comme ils nous ont conduits droit sur un piège, nous ne pouvons nous fier au cap suivi.

– Certes ! s'irrita le général. Mais le grand savant que vous êtes ne manquera pas de rectifier notre position !

– Pas de problème, rétorqua le magicien avec flegme. J'ai toujours été doté d'un bon sens de l'orientation.

Il mouilla son doigt et prit le vent.

– Le vent vient de la mer. C'est donc par là !

– Il ne vient pas toujours de la mer, dans un désert, riposta Arkos.

Beewood suçota son index.

– Sauf si ce vent est salé !

De toute façon, quel autre parti prendre ? Perdus pour perdus… Arkos donna le signal du départ dans la direction indiquée par le mage et tous ceux qui pouvaient encore marcher s'ébranlèrent. Les autres… les vautours et les hyènes s'en chargeraient ! On ne s'embarrassait pas des blessés dans l'armée de Mordred. Telle était la loi impitoyable du duché.

La petite troupe accueillit d'abord la fraîcheur du soir avec soulagement. Pas pour longtemps. Avec le déclin du soleil, les ombres s'allongèrent et se mirent à bouger, provoquant d'inquiétantes illusions d'optique. Il semblait que de tous côtés, des silhouettes menaçantes s'agitaient, pillards maléfiques, bêtes féroces ou créatures d'un Autre Monde. Les voyageurs pressèrent le pas. Le désert avait repris ses droits, pas une éminence en vue au sommet de laquelle on eût pu dresser le camp, pas de creux où s'abriter. Partout, la terre plate, à perte de vue, tandis qu'au firmament s'allumaient des myriades d'étoiles, du zénith jusque sur l'horizon. Et justement, à propos d'horizon…

– Un feu ! s'écria Arkos qui guettait le moindre espoir.

Du haut de sa jument, il avait un meilleur point de vue que les autres.

Les pas des voyageurs se tournèrent dans cette direction.

– Restons sur nos gardes, avertit le général. Nous ignorons si ceux qui ont allumé ce feu sont amis ou ennemis.

Les distances sont longues dans le désert. Il fallut encore une heure de marche pour parvenir au camp au centre duquel brûlaient plusieurs brasiers. C'était une paisible caravane de marchands qui s'effarèrent à la vue des soldats armés et se crurent d'abord victimes d'une attaque. Ils campaient près d'un puits sous la garde nonchalante de Moungouzes de bon aloi. Arkos narra leur mésaventure pour rassurer les marchands. Il n'y parvint qu'à demi – toujours cette malheureuse réputation des Orsmundiens ! – mais du moins gagna-t-il une place auprès des feux pour lui et sa troupe, des provisions de bouche et de l'eau. Et l'assurance de gagner les ports de la côte avec une probabilité plus grande qu'à coups de doigt mouillé !

Tandis qu'il sirotait pensivement sa soupe, Arkos sentit une main légère se poser sur son bras.

– Général, je peux vous parler un instant ? souffla une voix au creux de son oreille.

Arkos sentit son cœur s'emballer. Émeline ! Avec un temps de retard pour ne pas attirer l'attention des autres, il se leva et suivit la jeune fille dans l'ombre derrière les tentes. Sans crier gare, deux mains s'agrippèrent à sa nuque et une bouche tiède se posa sur la sienne, faisant taire ses questions.

– Arkos ! haleta Émeline. J'ai tant attendu cet instant !

– Madame ! se raidit-il, confus.

Mais ses réticences fondaient comme neige au soleil sous les caresses et les baisers de la jeune femme...

– Émeline ? Tu es là ? Tout va bien ?

Une torche troua l'obscurité. Ce satané Beewood ! En un éclair, l'image des plus affreux supplices traversa l'esprit de Guesserath tandis qu'il repoussait la baronne à bout de bras. De peur de mettre tout de suite ses envies de meurtre à exécution, il tourna les talons et retourna vers le cercle des feux, plantant là Émeline avec son magicien.

– Qu'est-ce que tu veux, Beewood ? soupira la baronne, excédée.

– Quand j'ai vu qu'il t'entraînait derrière les tentes, j'ai eu peur pour toi...

– Je te signale que ce n'est pas lui qui m'entraînait derrière les tentes, mais moi ! Je voulais lui parler. En toute intimité. Compris ?

Ben Beewood en resta coi. Pas pour longtemps.

– En toute intimité ? Qu'est-ce que tu me chantes là ? Ne me dis pas… que lui et toi… Non, tu me fais marcher ! Je sais que tu as toujours eu des goûts bizarres en matière amoureuse, mais là, ce serait carrément monstrueux ! Tu sais qui est ce type ? Tu sais que toutes les mères du royaume menacent de l'appeler quand leurs enfants ne veulent pas finir leur soupe ? Tu sais que c'est lui qui commande les massacres, les pillages et les exécutions dont le duc d'Orsmund parsème ses conquêtes ? Tu sais qu'il n'y a aucune basse besogne qui lui répugne, que les promesses non tenues, les perfidies et les trahisons constituent son pain quotidien ? On dit qu'à son petit déjeuner, il mange des nourrissons tartinés de confiture. On prétend que la paillasse de sa couche est constituée par les osselets des gens qu'il a tués. On affirme…

– … des idioties ! cria Émeline, hors d'elle. Je me fiche de savoir ce qu'on dit de lui ! Tout ce que je veux, reprit-elle à voix plus basse, c'est le gagner à notre cause. Qu'il trahisse le duc Mordred et qu'il choisisse le camp du roi.

– Ah, c'est donc ça ! soupira Beewood, soulagé. Tu m'as fait peur ! Je me disais aussi…

– Oui, eh bien si tu veux que je parvienne à mes fins, il ne faut plus intervenir ! Tu comprends ?

– Je comprends ! fit-il, mystérieux, en mettant un doigt sur sa bouche. J'ai gaffé, alors ?

– Un peu !

– Bon, je tâcherai de me rattraper en le relançant dans tes filets.

– Écoute, mon vieux Ben, le mieux, ce serait que tu n'interviennes plus dans cette affaire. Je suis assez grande pour me débrouiller seule. Tu veux bien ?

– Compris, compris. C'est toi l'espionne du roi, après tout.

– Oui, eh bien évite aussi ce genre d'allusion en public ! rétorqua Émeline, exaspérée. Et même en privé : on ne sait jamais s'il n'y a pas des oreilles qui traînent !

La baronne regagna le cercle des feux et se dirigea vers la place qu'occupait Guesserath quelques instants auparavant. Elle le trouva enroulé dans sa grande cape noire, les yeux fermés. Quand elle le secoua, il fit semblant de dormir.

Il fut convenu avec Naxos, le chef du convoi, que les Orsmundiens accompagneraient les marchands jusqu'au rivage d'Euphrémès et assureraient leur protection en échange de nourriture et d'eau. Vu la lenteur de la caravane, il fallut encore trois jours avant de parvenir au port. Là, Arkos négocia le bateau de transport avec Naxos. Les pillards du désert leur ayant dérobé leur argent, les Orsmundiens devraient payer leur passage en échange d'un menu service dont le chef du convoi confia la teneur à l'oreille de Guesserath. Celui-ci accepta, bien obligé. Dès le soir, les quinze soldats survivants – ah, pardon ! Ils n'étaient plus que quatorze : le quinzième, piqué par un serpent à deux têtes, venait de succomber à la morsure ! – les quatorze soldats, donc, les deux marmitons, Ben Beewood, Émeline de Malkland et Arkos Guesserath embarquèrent dans un navire en compagnie d'une dizaine de marchands menés par Naxos. Si nul vent contraire ni nul pirate ne se mettait de la partie, le voyage durerait toute la nuit, et on arriverait dans la matinée au port de Tranchebrèche, à un jour de marche de la capitale. À part manger et dormir, il n'y avait pas grand-chose à faire pendant la traversée.

– Et si nous reprenions notre petite conversation interrompue par Ben l'autre soir ? suggéra Émeline d'une voix suave en passant à côté du général.

La mort dans l'âme, le général secoua négativement la tête et repoussa héroïquement la jeune femme. Il n'avait aucune envie que le duc d'Orsmund assiste à leurs ébats...

Le soleil était déjà haut dans le ciel quand ils touchèrent au port. Rade profonde protégée des fureurs de la mer, Tranchebrèche était le port le plus animé du royaume. Les quais qui s'étendaient sur des kilomètres accueillaient des bateaux venus des quatre coins du monde. Négociants de Petra ou d'Orgouze, pèlerins de Nys, carriers de Palantine, marins de toutes origines, se pressaient sur la jetée où s'échangeaient des tonnes de marchandises pour le plus grand profit des caisses de Jabert Ier.

– N'oubliez pas, rappela Naxos à Guesserath, que vous avez promis de faire rendre gorge aux frères

Kalobine. Ils me doivent vingt pièces d'or sur ma dernière livraison. La baronne sera mon… invitée jusqu'à l'achèvement de votre mission.

C'était de bonne guerre. Le général acquiesça et divisa sa troupe : sept hommes viendraient avec lui, les sept autres, ainsi que les marmitons, resteraient à la garde d'Émeline. Pour les besoins de la cause, Naxos fournirait les chevaux. Arkos, quant à lui, avait débarqué sa jument remise d'un léger mal de mer. Les huit cavaliers s'élancèrent et la baronne les regarda s'éloigner avec appréhension.

La cité d'Entremont, distante du port d'une trentaine de kilomètres, constituait le nœud de communication obligé entre le port et l'intérieur des terres. En plein cœur de la ville, le comptoir des trois frères Kalobine était lui aussi une étape obligée. Entre leurs mains se concentraient la plupart des échanges économiques de la région. Mais leurs méthodes étaient loin de faire l'unanimité. Bien des négociants avaient eu à pâtir de leurs exigences. Naxos était de ceux-ci…

Les cavaliers furent bientôt en vue de la cité. On leur indiqua sans problème le comptoir des Kalobine. Arrivé devant la boutique, Arkos sauta de cheval et demanda à parler aux patrons. Son aplomb joint aux armes et aux uniformes de sa troupe vint très vite à bout du barrage administratif. Le général fut introduit dans les appartements privés des commerçants.

On ne pouvait trouver plus dissemblables que les trois frères : le petit maigre répondait au nom de Primo. Sans grande originalité, les parents avaient nommé Segundo le deuxième, un grand costaud. Le dernier, un petit gros, portait logiquement le nom de Tertio. À la différence de bien des contes, le plus malin, le plus intelligent et donc le plus dangereux de la bande était le grand costaud. Les trois frères s'inclinèrent bien bas devant Arkos :

– Salut à vous, général Guesserath, et longue vie au duc Mordred !

Cérémonieux, Segundo s'avança vers l'officier :

– Général Guesserath, vous savez combien nous avons à cœur les affaires de votre maître. Il n'y a pas de problème, j'espère ? Nos accords tiennent toujours ?

Arkos Guesserath s'assit confortablement dans l'un des fauteuils directoriaux tandis que les trois frères restaient debout devant lui.

– Nos accords tiennent toujours. Mais il y a un petit problème…

– La commission que nous versons au duc sur les transactions ne lui paraît pas assez élevée ? s'inquiéta Segundo.

– Non, coupa Arkos, il s'agit du marchand Naxos. Il se plaint d'avoir été volé.

– Naxos, évidemment ! soupira Primo.

– Toujours à râler et se plaindre, celui-là ! renchérit Tertio.

– C'est un agent du roi, compléta Segundo.

– Je sais cela ! Mais il m'a rendu service et je lui en dois un en retour. Il m'a prié de vous réclamer le solde de ce que vous lui devez.

– Nous ne lui devons rien ! protesta Primo.

– Il veut nous vendre sa marchandise le double de ce qu'elle vaut en réalité.

– C'est pourquoi vous ne lui en payez même pas la moitié ! sourit Guesserath.

– Ses prix sont surévalués ! glapit Tertio.

– Combien ? demanda Segundo.

– Trente monnaies d'or !

Les trois frères arborèrent des mines horrifiées.

– Eh là, protesta Primo, nous ne lui en devons que vingt !

– Vous avouez donc l'avoir escroqué !

– Bien sûr ! Nous rançonnons toujours les affidés du roi ! N'est-ce pas ce qui a été convenu ?

– Si, et vous faites bien. Mais dans le cas présent, vous allez payer à Naxos ses trente pièces d'or. Et tout de suite !

– Vingt pièces ! insista Primo.

– Avec ma commission, ça fait trente !

– Mais enfin ! protesta Tertio, c'est à n'y rien comprendre ! On escroque ou on n'escroque plus ?

– On escroque, mon bon Tertio, on escroque,... sauf ceux qui rendent au duc de signalés services.

– Méfiez-vous, fit Segundo d'une voix mesurée, s'il sait que vous êtes Arkos, général en chef du duc d'Orsmund, le service que vous a rendu Naxos pourrait être à double tranchant et vous coûter plus cher que trente pièces d'or.

Arkos se leva brusquement et saisit Segundo à la gorge :

– Suggères-tu que je fais mal mon travail ? Que je suis un enfant de chœur qui accorde sa confiance aux ennemis de son maître ?

– Je n'ai rien dit de tel ! balbutia Segundo.

– Je préfère cela ! Alors, aboule l'or ou je me sers moi-même !

Avec de gros soupirs, les trois frères ouvrirent leur cassette et comptèrent une à une les trente pièces demandées.

8

Satisfait de la transaction, Arkos avait repris le chemin du port avec ses soldats. Ils allaient sans se presser, de façon à laisser souffler leurs montures. Dans quelques heures, ils seraient au bateau, y passeraient une nouvelle nuit avant d'aborder la dernière étape qui les mènerait à la capitale. Rien que de très prévisible, dans tous les cas.

… Sauf qu'à leur arrivée, le bateau en question était en train de partir ! Il venait de larguer les amarres et s'éloignait du quai. Sans hésiter, le général enleva sa monture en un bond prodigieux. La jument noire atterrit sur le pont et récupéra son équilibre du mieux qu'elle put parmi les matelots effarés. D'un ton sans réplique, Arkos ordonna qu'on revînt au quai. Poussé par son équipage, le capitaine affolé se jeta aux pieds du général.

– Je... je peux tout expliquer ! bredouilla-t-il.

Il affirma que, contre son avis, le négociant Naxos et le mage Beewood avaient drogué les soldats orsmundiens et les deux marmitons restés à bord, avant de filer avec la baronne et les autres marchands.

– Où sont mes hommes ? demanda Guesserath.

– On les a transportés à quai sans leur faire de mal, assura le marin. Ils dorment sous l'effet d'un philtre. Ils vont se réveiller d'ici demain.

– Où ont filé Naxos et sa bande ?

– En direction de la capitale.

C'était évident ! Beewood ne faisait pas confiance aux Orsmundiens et détestait Guesserath. Il avait dû convaincre Naxos du péril où se trouvait Émeline en faisant valoir au marchand le bénéfice qu'il retirerait à ramener lui-même au roi sa pupille. Le général enrageait. Sans Émeline, il n'avait plus aucune raison de se rendre à la cour. Sa mission était un échec. Sauf s'il parvenait à rattraper les fugitifs.

– Combien ont-ils d'avance ? questionna-t-il.

Le capitaine avait compris qu'il avait intérêt à coopérer.

– Deux ou trois heures tout au plus, affirma-t-il.

– C'est jouable ! jeta Guesserath.

Il fallait sept à huit heures pour gagner la capitale. Les marchands n'étaient pas habitués à chevaucher rapidement. Arkos sauta sur le quai, siffla ses hommes et s'élança au galop sur les traces des fuyards.

Il chevauchait à bride abattue, et seule sa jument avait assez de force pour suivre le train d'enfer qu'il lui imposait. Ses sept soldats avaient dû ralentir l'allure l'un après l'autre et suivaient de loin en ordre dispersé. Arkos s'en moquait. Il se sentait assez remonté pour venir à bout des onze marchands et du maudit mage. Et Émeline ? se demandait-il. Était-elle d'accord pour lui fausser compagnie ? Bien sûr ! Qu'est-ce qu'il s'imaginait ? Mordred l'avait pourtant mis en garde contre la duplicité de cette donzelle, contre ses enchantements trompeurs. Satanées femelles ! Toutes des sorcières, comme Saraoth ! Arkos, d'ordinaire, ne se laissait pas prendre à leurs simagrées. Mais celle-là... Bon sang !

Dès leur première rencontre, elle lui avait inspiré des sentiments. Mille diables! Comme s'il pouvait se permettre le luxe d'éprouver des sentiments!

Perdu dans le tumulte de ses pensées, il faillit ne pas apercevoir le tas de hardes blanches jeté en vrac dans le fossé. Un éclat de métal brillant attira son attention. Il ralentit l'allure. Aux traînées de sang sur le chemin, aux branches brisées et aux objets épars sur le bas-côté, il comprit qu'on s'était battu dans le coin. Il sauta à bas de sa monture qui tremblait d'épuisement. Il reconnut dans le tas blanc au fond du fossé une robe de mage. Et le mage semblait encore dedans. Arkos éprouva une légère déception à l'idée que Beewood fût mort: il aurait tellement aimé pouvoir l'étrangler de ses mains! Il descendit dans le fossé, retourna le corps du bout de sa botte. Ben soupira et souleva les paupières pour les refermer aussitôt:

– Guesserath! Le cauchemar continue! gémit-il.

Arkos mit un genou en terre et souleva Beewood:

– Hé, ce n'est pas le moment de te rendormir! Qu'est-ce qui s'est passé? Où est Émeline?

À cette évocation, le mage rouvrit les yeux :

– Émeline ! cria-t-il. Il faut la sauver ! Ils l'ont enlevée !

– Qui ça, « ils » ? rugit Guesserath en secouant le jeune homme.

– Je... ne... sais... pas ! tremblota ce dernier. Nous sommes tombés dans une embuscade ! Des types bizarres. Ils ont massacré les marchands et enlevé Émeline.

– Massacré ? Je n'ai pas vu de corps...

– Ils les ont emmenés. Je... je crois qu'ils mangent les morts ! souffla Beewood.

– Ah ouais ? sourit Arkos, incrédule. Alors, pourquoi t'ont-ils épargné, toi ? Ne serais-tu pas comestible ?

– Tuer un mage porte malheur, affirma Ben avec assurance.

– Je ne suis pas superstitieux ! rétorqua Guesserath, féroce.

Abandonnant le mage dans son fossé, Arkos se dirigea vers sa monture et mit un pied à l'étrier.

– Hé ! Tu ne vas pas me laisser là ? glapit Beewood.

– Je vais me gêner ! grommela Arkos en sautant en selle.

– Ah non ! s'exclama la jument. Je ne fais pas un pas de plus !

Le général considéra sa monture, étonné non qu'elle parlât – il avait l'habitude – mais qu'elle se rebellât : elle était docile, d'ordinaire, et d'un caractère réservé.

– Tu refuses de m'obéir ? s'exclama-t-il.

– J'en ai plein les sabots, moi ! Si je ne souffle pas un peu, je vais crever ! Mon général ferait mieux d'attendre ses hommes et d'écouter le mage qui a sûrement encore des choses à lui dire. Ainsi, je pourrai me reposer et continuer de rendre à mon général les services qu'il attend de moi.

Arkos réfléchit un instant. Le conseil était avisé, comme toujours de la part de la bête qui n'était pas si bête, d'autant moins qu'elle ne l'avait pas toujours été – bête ! (Ah, Saraoth et sa manie des potions...) Sans un mot, il redescendit de selle.

– Arkos, aide-moi, gémit Beewood du fond de son fossé, et à mon tour, je t'aiderai.

Guesserath rejoignit le mage et, le saisissant par les aisselles, le tira sans douceur jusqu'au chemin. Il lui fit boire quelques gouttes d'une fiole tirée de ses fontes. Beewood toussa et éternua :

– Hé ! C'est quoi, ce truc diabolique ? s'exclama-t-il quand il eut repris son souffle.

Arkos haussa les épaules :

– Je ne sais pas. Fabrication de Saraoth.

– Donne-m'en encore ! Ça réveillerait un mort.

– C'est justement destiné à réveiller les morts, répliqua Arkos en rebouchant la fiole. À condition qu'ils ne soient pas encore trop faisandés. Ça marche aussi sur les vivants, mais faut pas en abuser.

Ben se releva lentement en tâtant ses membres.

– Rien de cassé ? s'enquit Guesserath, ironique.

– Je ne crois pas. Mais j'ai sacrément mal au crâne, là où ils ont cogné. Regarde !

L'occiput du mage s'ornait d'une bosse de la grosseur d'un œuf de pigeon.

– Ils n'y sont pas allés de main morte, hein ?

– À quoi ressemblaient-ils ? demanda Arkos.

– À vrai dire, je ne sais pas. Ils m'ont assommé presque tout de suite. Ils étaient cachés dans le fossé et derrière les buissons. Leur couleur se confondait avec les pierres. Leur visage était couvert d'un masque... ou alors ils sont vraiment laids ! ajouta le mage en frissonnant.

– Des orques ? émit le général.

– Je ne sais pas, je n'en ai jamais vu.

Arkos dessina une forme dans la poussière du chemin.

– Ça ressemble à ça, un orque. Et ça mange les humains.

– Alors, oui, ça doit être des orques, conclut Ben, la mine sombre. Et Émeline est entre leurs griffes. Qu'est-ce qu'ils vont lui faire ?

Guesserath émit un ricanement désespéré :

– À ton avis ? On a une petite chance, cependant : une femme est un mets de choix. Ils vont l'offrir à leur chef et ne la tueront sans doute pas d'ici là.

– Voilà qui est réconfortant, grimaça Ben. Alors, qu'est-ce qu'on attend pour voler à son secours ?

– Mes hommes, fit le général en signalant du pouce les membres de sa troupe qui commençaient à apparaître en tenant par la bride leurs chevaux épuisés.

– On a beau dire, mais les montures naturelles sont loin de valoir celles obtenues par magie, souffla le mage en désignant la jument noire d'Arkos.

– Celle-là, c'est spécial, rétorqua Guesserath. Tu ne sais pas la matrone que c'était avant que Saraoth ne la change en cavale ! La meilleure colonelle de mon armée ! Elle a eu le malheur de traiter la magicienne de vieille peau de vache. C'est revenu aux oreilles de Saraoth, et…

D'un geste fataliste, il indiqua le résultat qui broutait à quelques pas d'eux.

– Saraoth est très forte, approuva pensivement Beewood, vraiment très forte !

Tandis qu'on laissait souffler les chevaux, les naturels comme le surnaturel, les hommes délibéraient. Une expédition contre les orques ne s'improvisait pas. Beewood s'étonnait que ces créatures soient descendues si loin de leurs montagnes.

– Ne songeraient-ils pas à se venger de notre passage en force dans leur défilé ? hasarda Karl, un soldat qui avait fait partie de l'expédition « enlèvement de la princesse ».

Guesserath secoua la tête :

– Rien ne dit que ce sont les mêmes orques. Deux cents kilomètres au bas mot nous séparent du défilé dont tu parles.

– Une montagne à franchir, c'est tout, insista Karl qui traça un plan dans la poussière. Nous sommes ici, dans la plaine du Poisson. Les contreforts de la chaîne de la Hürle commencent là, au nord. J'ai entendu dire qu'il y avait des passages dans la montagne, des cols secrets qui permettent de franchir les crêts.

– Ce sont des légendes, protesta un autre en haussant les épaules, personne n'a jamais essayé.

– Personne n'est jamais revenu pour en parler, c'est tout, corrigea Karl.

Son camarade lui jeta un regard courroucé en désignant leur général du coin de l'œil. Ce qu'il redoutait ne tarda pas à arriver :

– C'est bon, tout le monde à cheval, décréta Guesserath. S'il s'avère que les orques ont bien pris cette route, nous les rattraperons avant la montagne, ou bien nous la traverserons !

Arkos attendit la halte du soir pour poser à Beewood la question qui lui brûlait les lèvres :

– On peut savoir ce qui s'est passé sur le bateau ? demanda-t-il, sévère. Parce que si on en est là, c'est de ta faute, non ?

Ben baissa la tête :

– Ouais, bon... je n'avais pas confiance, je subodorais des raisons pas nettes dans ta présence aux côtés d'Émeline. L'intérêt qu'elle te portait ne me semblait pas naturel. J'ai eu peur que Saraoth ne lui ait jeté un sort pour te permettre, par son intermédiaire, d'approcher le roi et de le tuer. C'est peut-être stupide, mais...

– C'est complètement stupide ! grommela Arkos. Je parie que le coup d'endormir mes hommes, c'était une idée à toi.

– Eh bien...

– Et la baronne ? demanda le général. Elle aussi était d'accord pour me fausser compagnie ?

– Non, répondit Ben avec effort, non, elle n'était pas d'accord. C'est pour ça que j'ai cru que vous l'aviez ensorcelée. Alors, je l'ai droguée elle aussi.

À la façon dont Guesserath le dévisagea, Ben crut que le général allait l'étrangler. Ils gardèrent un silence morose qu'Arkos brisa au bout d'un moment :

– Beewood, grommela-t-il enfin, tu l'aimes ?

– Tu parles ! s'exclama Ben. Je suis amoureux d'Émeline depuis notre enfance !

– Et…, continua Arkos avec effort, ton amour est payé de retour ?

– Ça dépend de ce qu'on entend par là, soupira le mage. Elle m'aime… comme un frère. Mais du moins est-elle fidèle à ses amis, ce qui est loin d'être le cas de ses amants. Pourquoi me demandes-tu ça ? questionna-t-il avec une pointe d'agressivité. Tu veux te mettre sur les rangs ?

– Ah ça non ! s'exclama Guesserath. Moi, tu sais, les bonnes femmes…

– Tu préfères les hommes ? s'étonna Beewood.

– Hein ? Mais non ! Moi, je n'aime personne : ni homme, ni femme,… ni chien !

– Si, un peu ta jument, plaisanta Ben.

Arkos sourit à son tour :

– Disons qu'elle m'est utile. Et puis, en cas de problème, elle sait retrouver toute seule le chemin de l'écurie. C'est pratique !

– Et ton maître, le duc d'Orsmund ? interrogea perfidement le jeune mage. Tu ne l'aimes pas ? On prétend que tu lui es très attaché.

Arkos se raidit :

– Il est mon maître. C'est un grand honneur pour moi de le servir. Je donnerais ma vie pour lui !

– Entre nous soit dit, souffla Ben sur le ton de la confidence, j'aime beaucoup mon maître, Sa Majesté Jabert Ier, mais je dois avouer que si je peux éviter de mourir pour lui…

Il fit un geste éloquent en clignant de l'œil :

– Détends-toi, Arkos, Orsmund est loin et le duc ne peut pas t'entendre. Avoue que tu ne l'aimes pas. S'il est aussi méchant qu'on le dit…

– Tais-toi ! coupa Arkos en se dressant brusquement. Je ne supporterai pas que l'on dise du mal de mon seigneur Mordred !

Ben se tut, surpris. Mais le général se radoucit tout aussi soudainement :

– Parlons plutôt d'Émeline… Ce n'est pas la fille du baron de Malkland, n'est-ce pas ?

– Bien sûr que non !

Beewood se plaqua une main sur la bouche en réalisant qu'il avait gaffé.

– Qui est-elle, en réalité ? questionna Guesserath, l'air de ne pas y toucher.

– Elle est… elle est Émeline ! Que veux-tu que je te dise ?

– La vérité ! Si tu es son ami d'enfance, tu la connais !

Le général ne plaisantait plus. Un froid glacial envahit les veines du jeune Beewood. Émeline ne serait pas contente s'il trahissait son secret !

– Qui est vraiment cette fille, Ben ? insista Guesserath avec un calme de mauvais aloi.

Le mage jeta un regard affolé autour de lui. Dans ce paysage désolé, il n'avait comme seul recours que des Orsmundiens au front bas, bardés de fer et hérissés d'armes. Ben se sentit seul au milieu d'un nid de serpents. Il ne pourrait pas compter sur l'aide de ces brutes s'il prenait à Arkos la fantaisie de le torturer. Il y avait fort à parier que ça les ferait même rigoler !

– Je ne sais pas, articula Beewood, la bouche sèche.

– Mauvaise réponse.

Guesserath dégaina son couteau et en passa négligemment la lame à travers les flammes du feu de camp.

– Tu sais que j'ai les moyens de te faire parler...

Ben déglutit avec difficulté.

– Torturer un mage porte malheur, souffla-t-il.

– Je t'ai déjà dit que je ne suis pas superstitieux.

Le jeune mage chercha désespérément à se rappeler une formule magique, n'importe laquelle, qui pût l'aider. Mais son esprit affolé était aussi vide de sort que de réponse susceptible de satisfaire son terrible interlocuteur.

Au même moment, un hurlement déchirant retentit dans la nuit, détournant l'attention des Orsmundiens.

– Ils sont tout près, souffla le général. On va tâcher de les surprendre.

– Dans le noir complet ? objecta l'un de ses hommes. On dit que les orques voient dans l'obscurité !

Ben Beewood, qui avait retrouvé son sang-froid, sortit une pierre de lune de sa besace. Ces minéraux ont la propriété d'imiter la lumière de l'astre nocturne. Il prit la tête de la colonne aux côtés de Guesserath. La pierre éclairait leur progression d'une lueur bleutée. Ils coururent dans la direction d'où était venu le cri. Ils arrivèrent trop tard. Sur le sol piétiné étaient éparpillés les reliefs d'un immonde festin : des omoplates, des côtes, des humérus auxquels adhéraient encore des lambeaux de chair, des doigts et des pieds à demi rongés, témoignaient assez du genre de nourriture qu'on y avait dégustée. Quant aux convives, ils avaient déjà disparu dans la nuit. La pierre de lune tremblant au creux de sa main, Ben Beewood contemplait les restes d'un air halluciné.

– Arkos, tu crois que… ?

Ses mots s'étranglèrent dans sa gorge.

– Non, répondit le général en ramassant un tibia. Ce sont des os d'hommes. Émeline n'est pas dans le tas.

– Comment peux-tu être aussi affirmatif ? s'insurgea le jeune homme.

Le regard froid de Guesserath lui imposa silence. Ben se souvint de la réputation du Boucher d'Orsmund. On pouvait se fier à son expérience… Arkos jeta rageusement le tibia :

– Impossible de chevaucher la nuit sauf à prendre trop de risques. Retournons au camp. À la pointe de l'aube, nous repartirons.

Pendant deux jours, les Orsmundiens talonnèrent les orques. Mais ces derniers, rapides, doués d'une résistance peu commune et nyctalopes[3], regagnaient pendant la nuit l'avance qu'ils perdaient durant la journée. À présent que le relief se faisait tourmenté, il allait être encore plus difficile de les rattraper. À pied, les orques se faufileraient de défilés en corniches par des endroits connus d'eux seuls où aucun cheval ne pourrait passer. Cette perspective rendait Guesserath d'une humeur massacrante.

3. Nyctalope : personne qui a la faculté de distinguer les objets sous une faible lumière ou pendant la nuit, comme certains animaux (hiboux, chouettes, chats…). (*Le Petit Robert*)

– Comment peuvent-ils aller aussi vite sans monture ? gémit le jeune mage à l'aube du troisième jour.

– Ce sont des créatures véloces, répondit Guesserath, et ils se relaient pour porter les prisonniers.

– Des prisonniers qui ne doivent plus peser bien lourd, fit remarquer le soldat Karl.

La piste des orques était semée d'ossements…

– … Qu'est-ce qu'ils bouffent ! continua Karl d'un ton non dénué d'admiration.

Au terme de trois jours de marche forcée, bêtes et hommes étaient épuisés et les vivres commençaient à manquer.

– Au moins, les orques ne connaissent pas de problème de nourriture, releva le même soldat qui, décidément, avait toujours le mot pour rire.

Ses camarades lui décochèrent un regard venimeux.

– Ferme-la ou je suis l'exemple des orques ! grommela Guesserath.

Karl se tut instantanément.

La forêt s'élançait à l'assaut du mont jusqu'à mi-pente. Ensuite, c'était le royaume des alpages qui cèderait bientôt la place au granit déchiqueté et aux étendues neigeuses. Les hommes s'étaient arrêtés à l'orée du bois, oppressés par la terrible majesté de la montagne. La plupart des soldats éprouvèrent à ce moment-là un grand découragement, qu'ils se gardèrent toutefois de manifester devant leur général. Arkos donna le signal du départ et engagea sa jument à l'ombre des arbres. Même quand elle n'a pas une réputation magique, toute forêt est impressionnante : ciel occulté par les frondaisons mouvantes, bruissement du vent dans les feuilles, craquements mystérieux des branches… La forêt mène sa propre vie, indifférente aux hommes. Ceux-ci emboîtèrent le pas à leur chef en un rang serré et silencieux. Ben Beewood s'enveloppa en frissonnant dans sa cape blanche.

Après plusieurs heures de chevauchée, ils entendirent le choc sourd et répété d'une cognée contre un tronc d'arbre. Les orques ne coupant pas de bois à la hache, il ne pouvait s'agir que d'êtres humains. Un lieu habité ! Des provisions sans doute ! Comme un seul homme, les Orsmundiens obliquèrent dans la direction d'où venait le bruit. Au bout d'un moment, ils rencontrèrent une trouée dans la forêt et, au milieu de cette clairière, une pauvre maison de bois au toit couvert de chaume devant laquelle des poules caquetaient en liberté. Les soldats sautèrent de selle et se précipitèrent sur les volailles avec des cris de joie. Ils tordirent le cou à toutes celles qu'ils purent attraper.

Tout à leurs efforts, ils n'avaient pas vu le petit garçon qui, du seuil de la chaumine, les scrutait sans mot dire avec le sérieux d'un Grand Mage. Arkos, lui, l'avait vu. Le général n'était pas descendu de cheval. Attentif, tendu, il promenait sur toute chose son regard aigu, dans l'expectative d'un quelconque danger. Ben Beewood, qui avait suivi son regard, aperçut lui aussi l'enfant. Au même moment, une femme jaillit de la maison en se tordant les bras de désespoir. Les moqueries des soldats accueillirent cette apparition. La paysanne tomba à genoux devant Arkos et lui embrassa un pied :

– De grâce, seigneur, épargnez ce qui reste de notre poulailler ! Épargnez notre maison ! Que mangeront mes enfants si vos soudards nous pillent ?

Guesserath dégagea son pied en un geste d'impatience qui envoya la femme rouler à quelques pas. Elle s'étala dans la boue sous les rires de la troupe. Tel un tourbillon, une petite boule de nerfs se jeta entre les pattes de la jument noire qui rua et faillit jeter son cavalier à bas. Arkos jura :

– Par la barbe du bouc, c'est quoi, ce moucheron ?

Il se pencha sur le pommeau de sa selle, cueillit le petit garçon qui avait volé au secours de sa maman, et l'éleva tout gigotant à hauteur de ses yeux. L'enfant agita sous le nez de l'homme ses petits poings dérisoires.

– Tu veux te battre ? ricana Guesserath avant de jeter le gamin dans la boue aux côtés de sa mère.

– Arkos, arrête ! s'interposa Ben qui venait soudain de prendre conscience de ce qu'ils étaient en train de commettre. Guesserath, rappelle tes hommes ! Ils ne peuvent pas faire ça !

– Quoi ? Qu'est-ce qu'ils ne peuvent pas faire ?

– Piller ces malheureux !

– Je ne vais tout de même pas empêcher mes soldats de manger !

– Nous pourrions négocier notre pitance d'une façon plus… civilisée !

– Nous pourrions faire quoi ?

– Acheter ces poules ! s'échauffa Ben. Avec de l'argent ! Ça ne te viendrait pas à l'idée, espèce de soudard ?

– Acheter ce que nous pouvons prendre de force ? C'est idiot !

– Le roi Jabert ne laisserait pas faire une chose pareille.

– Le duc Mordred nous le recommande au contraire chaudement.

– Et tu es d'accord avec ces méthodes ? s'insurgea Ben.

Il se traita aussitôt de crétin. Ne savait-il pas à qui il avait affaire ? Parler morale à un être aussi corrompu, aussi abject !

– Vous autres nobles vous souciez à présent du sort des petites gens ? s'esclaffa Arkos.

– Je ne suis pas noble ! rétorqua Beewood.

– Ah bon ? s'étonna le général. Ne faut-il pas être noble pour devenir mage ?

– Pas forcément ! Au moins dois-je mon diplôme de magie à mon seul mérite, et non au titre, à l'argent ou aux relations de mes parents !

Comme Guesserath se taisait, un sourire ironique aux lèvres, Ben Beewood crut qu'il se moquait de lui. Il prit la mouche.

– Laissez ces gens tranquilles, ordonna-t-il aux soldats, et toi, Arkos, je te demande de payer ces poules !

Le général ne riait plus du tout. Il considéra Ben froidement :

– Et comment comptes-tu t'y prendre pour m'y contraindre ?

Beewood étendit trois doigts. Aussitôt, la bourse accrochée à la ceinture du général, celle qui lui avait été remise par les frères Kalobine, se délia et s'envola en direction de la paysanne. Cinq pièces d'or glissèrent de l'escarcelle et tombèrent dans le giron de la pauvre femme. Quand ce fut fait, la bourse revint se nouer à la ceinture de Guesserath. Le général se tourna vers le mage. Les soldats avaient cessé de rapiner, les poules survivantes de caqueter et la paysanne de se lamenter. Tous regardaient Arkos en se demandant comment il allait réagir. Celui-ci se le demandait également, partagé entre fureur et hilarité. Ce fut cette dernière qui l'emporta :

– Tu m'as bien eu, Beewood ! s'exclama-t-il en riant.

Il assena au jeune mage une grande claque dans le dos qui faillit jeter ce dernier à bas de sa monture. Mais, recouvrant son sérieux, il ajouta aussitôt :

– Ne recommence jamais ça, maudit sorcier, ou je te tranche la gorge !

Ben eut du mal à avaler sa salive. Ce fut au tour des soldats de se marrer.

L'incident avait détendu l'atmosphère. Guesserath donna de son propre chef une autre pièce à la paysanne pour qu'elle fasse rôtir les poulardes sacrifiées et mette à chauffer un brouet pour tout le monde. Descendant de cheval, il entra dans la chaumière enfumée. Il y avait là-dedans deux garçonnets blafards, à peine plus âgés que leur frère. Peu après, trois gamins plus grands sortirent des buissons alentour, où ils s'étaient cachés par peur des gens d'armes.

– Hé ! Combien as-tu donc de marmots ? grommela le général.

– Sept garçons, mon seigneur, répondit la paysanne.

– Où est fourré le septième ?

– Au bois avec mon époux.

Le bûcheron et son fils aîné, peu rassurés, ne tardèrent pas à apparaître à leur tour. Intimidés, ils prirent place à la grand table à côté des soldats qui ne les avaient pas attendus pour bâfrer. L'atmosphère se dégela au fur et à mesure du repas, aidée en cela par un petit vin clairet que le maître du logis alla sortir de derrière les fagots.

Les frères cadets, serrés près de la cheminée, lorgnaient du côté des adultes, tout effarés à la vue des armures et des épées. Sauf un, le petit drôle qui avait un regard si sérieux. Il semblait vraiment très petit pour son âge. Il n'avait toujours pas dit un mot. Ben Beewood lui fit signe d'approcher. Il obéit sans manifester de peur.

– Comment t'appelles-tu ? lui demanda le mage.

Le garçonnet se contenta de le fixer avec ses yeux trop grands. C'est la mère qui répondit à sa place :

– Il est tellement petit qu'on l'a appelé Poucet. Et il ne sait pas parler.

Le repas terminé, Guesserath décréta :

– Nous dormirons ici, pour une fois qu'on a un toit sur la tête. Nous reprendrons la route à l'aube, demain matin.

– Quelle est votre destination, mes seigneurs, si ce n'est pas indiscret ? s'enquit le bûcheron.

Arkos s'assombrit :

– Nous poursuivons une bande de maudits orques qui ont capturé nos amis. Ils ont pris une belle avance ! Comment les retrouver dans cette montagne dont ils doivent connaître le moindre recoin ?

Le bûcheron et sa femme échangèrent un regard apeuré mais ne dirent mot.

– Auriez-vous connaissance d'un antre d'orques pas loin d'ici ? insista Arkos.

– Nous… nous ne savons rien, répondit l'homme en baissant la tête.

Les Orsmundiens s'étaient installés de leur mieux dans la salle commune pour passer une nuit pas trop inconfortable sur des bancs, sur la table ou encore à même le sol. Ben Beewood s'était vu réserver une place d'honneur près de l'âtre : son numéro de lévitation avec la bourse du général lui avait fait gagner l'estime de la troupe. Arkos Guesserath, quant à lui, s'était arrogé sans façon la paillasse des maîtres de maison, lesquels, n'osant protester, s'entassèrent sur celle que partageaient leurs sept garçons. Comme ils manquaient de place, le pauvre petit dernier fut poussé hors du lit. Pour avoir chaud, il alla se réfugier sous la cape du mage.

– Monsieur, tu dors ? demanda l'enfant à mi-voix.

– Mais tu parles ? s'étonna Beewood.

– Seulement quand je veux. Merci d'avoir défendu ma maman. Si ces vilains avaient tué toutes nos poules, nous n'aurions plus rien eu à manger et papa aurait été obligé de nous perdre dans la forêt encore une fois !

– « Encore une fois » ? Pourquoi ? Il est coutumier du fait ?

– Oh non ! Il ne nous a abandonnés que deux fois. La première fois, j'ai ramené mes frères en suivant des cailloux que j'avais semés le long de la route.

– Pas bête ! approuva Ben Beewood. Je n'y aurais pas pensé.

– La deuxième fois, j'ai pas retrouvé le chemin parce que j'avais semé des miettes et que les oiseaux et les fourmis ont tout mangé !

– Ah ça, c'est idiot, par exemple !

– Alors, on a marché longtemps et c'est comme ça qu'on a trouvé la maison de l'Okre.

– De l'ogre ?

– Non, de l'Okre ! Le chef des okres !

Beewood, qui somnolait à moitié, s'éveilla tout à fait :

– L'antre des orques ? Tu sais où il se trouve ?

– Ben ouais !

– Et tu serais capable de nous y mener ?

– Ben ouais, si tu donnes encore de l'or à ma maman !

Conduits par l'enfant, les Orsmundiens progressaient prudemment sur un chemin en corniche. Au-dessous d'eux s'ouvrait un précipice vertigineux dont le fond disparaissait dans la brume. Au sortir du bois, tôt le matin, la troupe avait franchi des éboulis puis attaqué la roche vive. De temps à autre, le sentier à peine tracé disparaissait et il fallait escalader la montagne. Les soldats avaient dû se débarrasser de leurs armures qui gênaient leurs mouvements et les avaient laissées avec leurs chevaux à la garde d'un des leurs. Poucet trottinait devant sans mot dire, suivi du mage précédant Guesserath. Les six gens d'armes marchaient en colonne derrière eux. En quelques heures, la température s'était rafraîchie. Le sommet de la montagne était caché par d'épaisses nuées. À présent, de légers flocons de neige tourbillonnaient.

– On va geler ! maugréa un soldat qui se tut aussitôt en croisant le regard de son général.

Les hommes connaissaient Guesserath : leur officier les mènerait jusqu'au bout d'eux-mêmes, jusqu'à l'extrême limite de leurs forces ! Mais il leur insufflerait l'énergie nécessaire pour y arriver.

Ben Beewood avait hissé le petit garçon sur ses épaules. Peu habitué aux exercices physiques, le mage était épuisé, mais il se serait fait couper en morceaux plutôt que de l'avouer devant Arkos. De temps en temps, il soufflait un sort anti-engelures sur les mains ou les pieds d'un soldat. Il regrettait de ne pas connaître pour lui-même un sort anti-fatigue ! S'il rencontrait les orques maintenant, ceux-ci ne feraient qu'une bouchée de lui.

– Dis donc, tu es sûr de ta route ? demanda-t-il à Poucet.

– On est bientôt arrivés, affirma l'enfant.

Le brouillard s'abattit d'un coup. Plus exactement, la troupe entra d'un coup dans les nuées qui couronnaient la montagne. On n'y voyait plus à deux pas.

– Faut pas louper le trou ! conseilla le petit garçon.

– Quel tr… oups ! s'étrangla Beewood.

Il lui sembla que le sol venait de se dérober sous ses pieds et qu'il allait dégringoler jusqu'au fin fond du précipice. Il lâcha le gamin et se retrouva à quatre pattes.

– C'est ça, le trou, précisa Poucet en se relevant.

Des exclamations sourdes derrière eux leur apprirent que l'escorte aussi avait trouvé le trou. C'était un affaissement de terrain qui communiquait avec une grotte creusée dans la montagne.

– Chut ! commanda Poucet. Les okres, ils sont tout près. S'ils nous entendent…

La menace était suffisamment claire pour faire taire tout le monde. La troupe s'enfonça dans les entrailles de la terre sur la pointe des pieds.

Le couloir qu'ils suivaient déboucha sur une terrasse en surplomb qui dominait une vaste salle voûtée. Arkos s'approcha du bord de la corniche et découvrit les orques en dessous d'eux. Ils étaient une trentaine à festoyer. À l'écart, entouré d'une sorte de cour, un orque plus grand et plus gros que les autres aboyait des ordres.

– Le Grand Méchant Okre ! le présenta Poucet.

– Je sais, murmura le général, on s'est déjà rencontrés.

C'était bien le même orque qui lui avait bloqué l'accès au défilé, quelques semaines plus tôt, quand il convoyait la prétendue princesse. À la pensée d'Émeline, il eut un pincement au cœur. Son regard fit le tour de la grotte mais, autant qu'il était possible de s'en rendre compte, il n'y avait pas un seul être humain en vue. Sauf, peut être, quelques lambeaux pendus au garde-manger… Les orques enfermaientils leurs prisonniers dans un autre lieu ? Ou bien n'y avait-il déjà plus de prisonnier ? Arkos s'efforça de maîtriser la colère qu'il sentait monter en lui. Il devait garder la tête froide. Sans compter l'enfant, ils étaient huit contre une trentaine d'orques mâles et femelles. Les humains n'auraient aucune chance dans un affrontement face à face. Fort heureusement, les orques, qui avaient fini de bâfrer, ne restèrent pas sur place pour faire la sieste. Sur un ordre de leur chef, la moitié de la horde quitta la grotte avec force grimaces et grognements. Le grand Orque demeura en compagnie d'une quinzaine d'individus.

Depuis la corniche, Arkos étudiait la configuration des lieux. Il y avait bien un moyen de descendre dans la salle en contrebas, mais le passage était à découvert et les acrobates qui s'y risqueraient ne manqueraient pas d'attirer l'attention. Or, dans cette entreprise, l'élément de surprise était fondamental. Les hommes étaient encore moitié moins nombreux que les orques et s'ils étaient les mieux armés avec leurs épées longues et leurs poignards effilés, les orques étaient nettement mieux pourvus par la nature en taille, en poids, en crocs et en griffes ! Guesserath calcula le temps qu'il faudrait à ses soldats pour descendre. Trop pour créer la surprise, en tout cas.

– Si seulement quelque chose pouvait attirer leur attention ! murmura-t-il.

Ben avait entendu ses dernières paroles.

– Et si je te procure cette diversion ?

Arkos dévisagea Beewood :

– Tu pourrais retenir l'attention des orques vers la paroi opposée, le temps qu'on descende ? demanda-t-il.

– Oui, assura Ben.

– D'accord. Alors, attends mon signal.

En quelques mots et quelques gestes précis, il indiqua son plan à ses hommes. La chaleur de la grotte et la perspective de l'action avaient réchauffé les soldats. Ils semblaient pressés d'en découdre.

– Maintenant ! ordonna Arkos.

Beewood tendit trois doigts et se concentra sur un bloc de stalactites qui pendaient au-dessus des orques. L'effort contractait ses traits, le faisant paraître plus vieux et plus sage. Un cliquetis lent, puis de plus en plus rapide, se fit entendre, accompagné d'un grondement sourd. Les orques dressèrent l'oreille, inquiets. Les parois de la caverne et la voûte tout entière se mirent à trembler. Les orques les plus dégourdis, dont le chef, se ruèrent vers la sortie tandis que les autres, dans un vacarme épouvantable, recevaient sur le crâne les stalactites qui venaient de se détacher du plafond. Dans le même temps, les hommes opéraient une descente rapide vers la salle sinistrée. La poussière de pierre qui avait envahi la grotte occultait leur progression. De toute façon, les orques avaient d'autres chats à fouetter, occupés qu'ils étaient à se dépêtrer des décombres. Les Orsmundiens n'eurent aucune peine à passer les survivants au fil de l'épée.

Mais les fuyards étaient revenus, attirés par les cris de détresse de leurs congénères. Le chef, ivre de colère, balançait au bout de ses bras puissants un tronc d'arbre entier qu'il faisait tournoyer autour de sa tête. Ben et Poucet étaient restés sur la corniche. Ils contemplaient la scène à distance, fascinés. Épuisé par l'effort de concentration fourni, le mage n'était plus opérationnel. Du reste, il était trop loin du champ de bataille pour que ses sorts soient efficaces.

L'Orque géant bloquait le passage vers la sortie – le couloir qui dissimulait peut-être la geôle des prisonniers, la geôle d'Émeline si elle était toujours en vie ! Le général se dressa devant le monstre. En dépit de ses préventions contre lui, Ben trouva qu'il ne manquait pas de panache et de courage, le guerrier noir qui tenait tête au grand Orque avec sa ridicule épée. En se baissant, Arkos évita un moulinet de tronc d'arbre qui eût pu l'écraser comme un vulgaire moustique. Il se jeta dans les jambes de l'orque et lui taillada les mollets. Le géant poussa un cri rauque et tenta d'attraper l'audacieux. L'Orsmundien était beaucoup trop rapide. Virevoltant sans répit autour de la grosse masse, il assena de toutes ses forces un coup d'épée qui trancha net les jarrets de son adversaire. Le monstre s'écroula en rugissant de douleur. Arkos releva son épée et la plongea tout entière dans un œil du géant. La lame atteignit le cerveau et la mort fut instantanée. Fous de rage, les orques survivants se ruèrent sur les hommes. Au terme d'une mêlée aussi violente que brève, les humains l'emportèrent enfin et décapitèrent le dernier orque. Puis ils comptèrent leurs pertes : un soldat gisait mort, le crâne réduit en bouillie par un gros bloc de pierre. Un autre râlait, colonne vertébrale brisée. Beewood, agenouillé à côté de lui, fit de la tête un signe d'impuissance. Alors, d'un coup d'épée, sans la moindre apparence d'émotion, Guesserath acheva le blessé. Le mage eut du mal à réprimer la nausée qui lui montait aux lèvres.

– À leur retour, les orques se chargeront de ces deux-là, dit Arkos en guise d'oraison funèbre. Pas de temps à perdre ! On libère les captifs et on s'en va !

Mais les hommes eurent beau parcourir les couloirs souterrains en tous sens, ils ne trouvèrent nulle trace de prisonnier, et encore moins de prisonnière. Rien, si ce n'est un lambeau d'étoffe déchirée et tachée de sang dont Ben Beewood assura qu'il avait appartenu au vêtement d'Émeline. Arkos et lui s'entreregardèrent, consternés. Ils étaient arrivés trop tard !

Ben avait trop de chagrin pour se rendre compte de l'altération des traits du général.

– Ce n'est pas possible ! répétait le mage, désespéré. Ce n'est pas vrai ! Et d'abord, qu'est-ce qu'ils faisaient, ces orques, aussi loin de leur territoire, hein ?

Guesserath garda le silence. Il la connaissait, lui, la réponse ! Les agents du duc d'Orsmund s'employaient à déstabiliser les territoires fidèles au roi Jabert Ier. Les terribles orques mangeurs d'hommes étaient plutôt paisibles si on ne les embêtait pas et s'ils avaient suffisamment de gibier animal à se mettre sous la dent. Mais, repoussés de leurs territoires de chasse naturels, privés de nourriture, affamés, ils devaient aller loin chercher leur pitance. Arkos le savait bien, c'est lui qui avait envoyé les perturbateurs. C'était la première fois que les conséquences de ses actes l'atteignaient de plein fouet, d'une façon aussi brutale, aussi douloureuse.

– Qu'est-ce que je vais raconter à sa Majesté Jabert Ier, moi ? marmonnait Ben Beewood, l'esprit égaré. Comment puis-je lui dire que sa chère Émeline est morte ?

– Moi, je n'ai même pas besoin d'annoncer à mon duc l'échec de ma mission, gronda Arkos, lugubre : il le sait déjà.

Le mage n'eut pas le cœur à se demander comment Mordred pouvait le savoir.

– Plutôt que de pourrir en prison en attendant que le bourreau me tranche la tête ou que Saraoth me transforme en monstre, reprit Guesserath, je vais attendre ici les orques survivants pour mourir les armes à la main.

Ses soldats lui jetèrent un regard inquiet. Ils craignaient d'être associés à la décision de leur général. Eux n'avaient nulle envie d'en arriver à cette extrémité. Le petit Poucet tira la manche du mage.

– Arkos, fit Beewood, il faut qu'on raccompagne notre jeune guide chez ses parents.

Le général sursauta comme s'il découvrait Poucet pour la première fois.

– Il connaît le chemin, grogna-t-il.

– Arkos, insista le mage, on rencontrera peut-être les orques en cours de route. Tu pourras assouvir ta soif de vengeance.

Les soldats opinèrent avec enthousiasme, trop heureux de quitter la grotte. L'argument avait fait mouche. Dans l'état où il se trouvait, Guesserath était trop pressé d'en découdre pour pouvoir attendre patiemment dans la grotte un hypothétique retour des orques.

Le retour fut lugubre. Écrasé de chagrin, Beewood gardait le silence. Arkos n'élevait la voix que pour rabrouer ses soldats. Ceux-ci essayaient de se faire oublier. Quant à Poucet, il avait depuis longtemps appris à se taire quand ça bardait chez les adultes ! Le trajet fut cependant plus facile qu'à l'aller. Le ciel s'était débarrassé de ses nuées, le soleil réchauffait les marcheurs. Pressés par l'humeur de leur officier, les hommes dévalèrent les pentes et les éboulis à toute vitesse.

La nuit n'était pas encore tombée lorsqu'ils parvinrent en vue de la maison de Poucet. La mère du petit garçon parut sur le seuil. Folle de joie, elle se précipita à la rencontre de son fils qu'elle serra fort dans ses bras.

– Merci de nous l'avoir ramené sain et sauf, lança-t-elle en direction d'Arkos et de Beewood. Votre amie aussi sera contente de vous revoir.

– Notre amie ? s'étonna Ben. Quelle amie ?

– Ben, la petite jeune fille qu'est arrivée ce matin, peu après votre départ. Celle que vous étiez partis chercher.

– Où est-elle? rugirent Ben et Arkos en même temps.

– À l'intérieur, mais…

Le reste de sa phrase échappa aux deux hommes qui se ruèrent dans la maison en se bousculant sur le seuil. Et là, sur la paillasse des bûcherons, ils aperçurent Émeline qui dormait profondément, ses longs cheveux d'ébène répandus sur la toile écrue de l'oreiller. Beewood fut le plus rapide. Il se jeta sur elle, la prit dans ses bras et la couvrit de baisers. La jeune fille se réveilla en sursaut:

– Oh, Ben! Comme je suis contente de te voir! J'étais folle d'inquiétude quand ces braves gens m'ont dit que vous étiez partis à ma recherche!

– Apparemment, vous n'aviez pas besoin de nous pour vous secourir, ironisa Arkos qui était resté en retrait.

La jalousie le dévorait. Émeline n'avait eu de regard et de caresses que pour le maudit mage! Il trouvait les démonstrations de joie de Beewood exagérées et déplacées.

– Les orques ont tué puis mangé trois marchands, expliqua Émeline. Ils nous auraient fait subir le même sort si nous n'avions réussi à leur échapper. J'ai toujours un couteau caché sur moi. Je suis parvenue à couper mes liens puis ceux de mes compagnons. Les orques savaient que vous les talonniez. Vous leur avez fait mener un train d'enfer. Ils étaient tellement épuisés de courir et de nous porter que, quand ils se sont écroulés pour dormir, il n'a pas été difficile de leur fausser compagnie. Ensuite, par prudence, nous avons pris chacun une direction différente afin de compliquer les recherches s'il prenait aux orques la fantaisie de nous poursuivre. Et c'est ainsi que je suis arrivée ici.

– Tu es formidable ! s'écria Ben Beewood dont les yeux brillaient d'admiration.

Émeline prit un air modeste et se tourna vers Arkos dans l'attente d'une appréciation flatteuse. Elle en fut pour ses frais. Guesserath paraissait renfrogné, mécontent, comme s'il était déçu de la voir saine et sauve. Elle se sentit désappointée.

– Assez perdu de temps ! grogna le général. Nous rassemblons les chevaux et nous repartons sur l'heure pour la capitale !

– Il n'en est pas question ! trancha Émeline. J'ai couru, escaladé, marché pendant des heures. Je suis épuisée. Je ne fais pas un pas de plus jusqu'à demain !

Les soldats debout sur le seuil opinèrent, trop contents de partager le même avis.

– Émeline a raison, renchérit Beewood. Après une bonne nuit, nous serons frais et dispos pour continuer notre route.

Arkos grommela quelque chose dans sa barbe à propos de ces fainéants de mages trop délicats pour marcher. Depuis la réapparition d'Émeline, son aversion pour Ben, atténuée le temps de la poursuite, s'était réveillée.

9

Au terme d'une nouvelle journée de marche, la petite troupe atteignit la capitale du royaume. À son arrivée, les portes de la cité s'ouvrirent… sur deux rangées de soldats puissamment armés ! Les marchands survivants avaient précédé les Orsmundiens dans la capitale ! Encerclés, démontés, désarmés, ces derniers furent brutalement séparés d'Émeline et de Ben avant d'être traînés en prison par les gardes.

Dans le cabinet particulier du roi, l'atmosphère était houleuse. Le Conseil des ministres au grand complet avait été convoqué en présence de Sa Majesté. Après s'être réjoui publiquement du retour d'Émeline, Jabert Ier invita la jeune fille à faire le récit de ses aventures. Elle raconta son enlèvement, les circonstances de sa libération et les péripéties du retour en réussissant l'exploit de ne jamais nommer Guesserath. À la fin du rapport, le roi se tourna vers ses conseillers :

– Mesdames, Messieurs, qu'en pensez-vous ?

– Une telle impudence de la part du duc d'Orsmund, quoique prévisible, est intolérable ! s'exclama Dakoïne Marazabath, la ministre de la Guerre. Il faut donner une bonne leçon à ce malotru. Je propose qu'on lui déclare la guerre !

– Ce n'est pas souhaitable ! répliqua aussitôt Wrizz Pagoth, le ministre des Finances. Le trésor et les armées de Mordred d'Orsmund excèdent de beaucoup les nôtres !

– Mais il ne peut indéfiniment braver l'autorité de Sa Majesté ! Nous ne comptons plus les provocations et les spoliations en tous genres qu'il inflige à nos fidèles vassaux et sujets ! Jusqu'à quand enfin va-t-il abuser de notre patience ?

– Une guerre contre lui serait une épouvantable catastrophe dont nous ne sommes pas sûrs de sortir victorieux.

– Évidemment, si votre ministère, mon cher confrère, avait consenti les financements que je réclamais…

– Fallait-il pour cela, ma chère consœur, saigner à blanc le bon peuple qui nous nourrit ?

– Il suffit ! intervint Jabert 1er que les chamailleries incessantes entre ses deux ministres agaçaient.

Il se tourna vers son Mage-Conseiller, vieillard chenu qui avait été jadis le professeur de Ben Beewood :

– Et vous, maître Daganus ? Vous n'avez encore rien dit.

Le vieillard n'avait cessé d'observer Émeline tandis qu'elle parlait.

– Quel est l'officier orsmundien qui commande votre escorte ? demanda-t-il.

Devançant la jeune fille, Ben Beewood s'écria :

– C'est le Boucher d'Orsmund en personne ! Arkos Guesserath a été chargé d'enlever Émeline et s'est vu ensuite confier la mission de la ramener.

– Faire et défaire, c'est toujours travailler, remarqua le vieux mage.

– Qu'on exécute ce Guesserath qui a voulu enlever la princesse ! s'écria la ministre de la Guerre. C'est un crime de lèse-majesté ! À défaut de frapper le duc, frappons son bras armé.

– … et c'est la guerre assurée ! protesta le ministre des Finances.

– Si on le torture avant de l'exécuter, jubila Dakoïne, il peut nous révéler des secrets utiles. Privé de son meilleur général, le duc se trouve handicapé. C'est le moment ou jamais d'attaquer !

– Majesté, s'il vous plaît, écoutez-moi ! cria Émeline, exaspérée.

D'un signe, Jabert Ier fit cesser le brouhaha et ordonna aux uns de se taire et à la jeune fille de parler.

– Le général Arkos est venu en ambassadeur. Vous ne pouvez le traiter comme un criminel !

– Un ambassadeur ! ricana Madame Marazabath, sarcastique.

– Oui ! C'est ce qu'il est ! Il a des lettres de créance pour représenter Orsmund auprès de Sa Majesté. Si vous tuez Arkos, le duc nous déclarera la guerre, il sera dans son droit, et beaucoup le soutiendront.

– Assignons Guesserath à résidence, proposa une voix.

– On ne garde pas un type comme ça en prison, même dorée.

– On ne peut tout de même pas courir le risque de laisser ce général orsmundien se balader en liberté dans notre capitale !

– Renvoyons-le chez son maître !

– Renvoyer un ambassadeur aussi est une déclaration d'hostilité !

À nouveau, les ministres parlaient tous à la fois. Le roi claqua des doigts d'un geste impatient, ce qui eut pour effet de faire cesser le vacarme.

– Ma pupille Émeline a bien une idée derrière la tête ?

– Oui, affirma-t-elle sans hésitation. Retournons-le !

– Comment cela ? se récrièrent les ministres.

– Faisons basculer sa fidélité. Qu'il travaille désormais pour nous au lieu de travailler pour Orsmund !

Ben Beewood leva les yeux au ciel :

– C'est ridicule ! On ne peut pas faire changer d'opinion un homme tel que lui. Il est dévoué à Mordred corps et âme. À croire qu'un pacte magique les unit !

– Sire, s'écria Émeline, vous ne voulez pas la guerre ?

Le monarque secoua négativement la tête d'un air préoccupé.

– Alors, laissez-moi tenter une dernière chance, laissez-moi gagner Guesserath à notre cause. Si j'échoue, eh bien… vous ferez de lui ce que vous voudrez !

– Tu es complètement folle ! la morigénait Ben Beewood tandis qu'Émeline, triomphante, se dirigeait vers la prison royale. Non seulement tu ne réussiras pas à convaincre Guesserath d'embrasser le parti du roi, mais en plus, c'est un fauve dangereux que tu vas lâcher sur la ville ! Quels sont ses ordres ? De quoi est-il capable, cet individu, une fois libre ? Tu le sais, toi ?

– Oh, la paix, mon vieux !

Ils étaient arrivés devant une porte sinistre, gardée par deux sentinelles.

– À présent, laisse-moi, ordonna la jeune fille. Je veux m'entretenir seule à seul avec le prisonnier.

Furibond, Ben haussa les épaules avant de s'éloigner.

Le commandant du fort s'inclina devant Émeline, lut plusieurs fois la lettre frappée du sceau royal mais ne fit aucun commentaire. Les décisions du maître, pour incompréhensibles qu'elles lui parussent, se devaient d'être respectées. Il appela un geôlier et accompagna lui-même la jeune fille jusqu'au-cul-de-basse-fosse où croupissaient les Orsmundiens. L'officier avait été enfermé à part dans une étroite cellule. Son visage s'éclaira quand il vit entrer Émeline, mais s'assombrit aussitôt à la vue des hommes qui l'escortaient.

– Arkos, commença Émeline, j'ai plaidé votre cause et convaincu le roi de votre mission de paix. Je me suis engagée en votre nom. Vous allez être libéré sous ma responsabilité. Ne me décevez pas !

– Comme vous ne m'avez pas déçu, rétorqua-t-il. Voulez-vous que je jure par un serment sur ma condition d'homme libre de ne pas vous échapper ?

Elle se mit à rire sans rancune.

Dans l'aile du palais où Émeline l'avait conduit, le général admira en passant la magnificence des appartements : riches tentures, tapis moelleux, plafonds moulurés, tableaux de maîtres, statues d'albâtre et bibelots précieux… À l'évidence, l'occupante de ces lieux ne manquait de rien.

– Qui êtes-vous, Madame ? demanda-t-il. Pour n'être pas princesse, vous êtes traitée comme telle.

– Vous le savez déjà : je suis la fille orpheline de Ladislaw de Malkland et la pupille du roi.

Arkos eut un sourire narquois :

– Allons, « baronne », pas à moi ! N'oubliez pas que je dirige les services secrets d'Orsmund. Malkland est mort sans enfant, même naturel : il était notoirement impuissant. Je ne vois qu'une explication aux faveurs dont le roi vous inonde…

– Eh bien, gardez-la pour vous ! rétorqua Émeline.

Elle introduisit Arkos dans la belle chambre qu'elle se proposait de mettre à sa disposition.

– Je vous remercie pour toutes ces attentions, déclara-t-il, mais tandis que j'en profite, il me serait insupportable de savoir que mes hommes continuent de croupir en prison.

– Bien entendu. À ma demande, les soldats orsmundiens ont été libérés en même temps que vous et logés dans une caserne avec nos propres gardes. Ils seront surveillés mais bien traités, ne vous en faites pas.

Il se tourna vers Émeline et la regarda droit dans les yeux :

– Quel prix dois-je payer pour ces faveurs, Madame ? Car je suppose qu'elles ne sont pas gratuites ?

– Voyons, n'êtes-vous pas l'ambassadeur du duc d'Orsmund ? Il ferait beau voir que nous maltraitions une ambassade qui, de plus, a courageusement défendu la vie de la pupille du roi. Je veux croire que vous désirez la paix du royaume autant que moi, et que vous ne ferez rien qui soit susceptible d'attenter à cette paix.

– En d'autres termes ?

– Laissez le roi tranquille, n'enlevez aucune princesse et ne fomentez aucun complot !

– Madame, reprit Arkos patiemment, vous et moi sommes là pour convaincre le roi de marier Alaïs au duc d'Orsmund. Vous vous y êtes engagée devant Mordred.

– Quelle que soit mon influence supposée, et même si je le voulais, il me serait impossible de convaincre le roi, et encore moins la princesse, d'accepter cette union : Alaïs déteste Mordred !

– Il s'agit de politique, les préférences personnelles n'entrent pas en ligne de compte. Peu importent les sentiments de la princesse envers mon maître, Jabert sait qu'il n'y a pas dans tout le royaume de meilleur parti pour sa fille. Ce mariage garantit la paix et la cohésion du royaume. Qu'Alaïs donne un héritier à Mordred ! Elle pourra vivre ensuite à sa guise et retourner chez son père si elle le désire.

– Vous avez une conception assez romantique du mariage ! ironisa Émeline. Aimeriez-vous qu'on vous imposât des épousailles avec une femme dont vous ne voudriez point ?

Guesserath haussa les épaules :

– La question ne se pose même pas ! Si je dois me marier un jour, ce sera sur ordre de mon maître : n'avoir pas le choix de son conjoint est l'une des rares choses que les gens de ma sorte ont en commun avec les rois. Mais vous qui jouez les effarouchées, êtes-vous sûre d'être aussi libre que cela ? Autrement dit, s'il vous prenait la fantaisie de vouloir épouser un homme de ma condition, pensez-vous que le roi y consentirait ?

Émeline détourna le regard, gênée. Non, sans doute que le roi n'y consentirait pas. Il faudrait qu'Arkos soit libre, et qu'il soit noble, et qu'il soit un allié du roi, pas un serf aux ordres du duc d'Orsmund. Elle soupira : le chemin était encore long pour parvenir à un tel résultat.

– Jabert Ier pourrait faire de vous un homme libre et plus encore si vous le servez bien, suggéra-t-elle.

– Vous espérez me voir trahir mon maître avec d'aussi piètres arguments ? Vous me méprisez donc tellement ?

– Je ne vous méprise pas, Arkos ! répliqua-t-elle. Je vous méprise si peu que je voudrais que nous soyons alliés… et amis.

– Nous sommes alliés, voyons ! Nous voulons la paix que peut procurer au royaume le mariage de mon duc et de votre princesse. Il n'y a pas à revenir là-dessus !

– Vous êtes désespérant ! pesta Émeline en tournant les talons.

Elle était encore furieuse quand elle croisa Ben qui traînait son désœuvrement dans l'une des cours du palais.

– Alors, demanda-t-il aigrement, tout va comme tu veux avec ton fauve ? Il te fait patte de velours et mange dans ta main pour te remercier de l'avoir libéré ?

– Oh, toi, fiche-moi la paix ! râla-t-elle.

– Allons bon ! Le fauve ne serait-il pas aussi docile qu'on le souhaiterait ?

Il esquiva en riant la gifle qu'elle lui destinait.

Les jours suivants, Arkos Guesserath déploya une intense activité diplomatique. Comme il en avait reçu l'ordre de son maître, il s'efforçait de convaincre les dignitaires du royaume – ministres, conseillers, maîtres magiciens et pairs du royaume – de la sagesse du mariage orsmundien. Il entreprenait surtout les partisans de la paix et avait déjà su rallier à ses vues le ministre des Finances, à qui il avait fait miroiter les bénéfices économiques qu'en retireraient le pays... et le ministre lui-même si ce dernier arrivait à décider Jabert Ier. Mais il restait beaucoup à faire, notamment à convaincre la principale intéressée : la princesse Alaïs s'était sèchement opposée à toute tentative d'approche de la part d'Arkos, refusant de le recevoir comme il l'en avait fait prier, refusant même de lire ses suppliques. Il eut beau suborner ses suivantes et ses caméristes, rien n'y fit.

Du coup, tous ces jours-ci, il avait eu peu l'occasion de rencontrer Émeline. Il partait tôt le matin, passait des heures dans des antichambres à attendre le bon vouloir de fonctionnaires, acceptait toutes les invitations à souper, ne manquait aucun bal, et regagnait ses appartements tard dans la nuit, quand Émeline était déjà couchée. Pourtant, quelle que fût l'heure à laquelle il rentrait, il attendait que le laquais qui l'avait escorté jusqu'à sa chambre se fût retiré pour sortir sur la terrasse qui entourait le bâtiment. Sous prétexte de prendre le frais et de humer les senteurs nocturnes, il marchait jusqu'aux portes-fenêtres des appartements d'Émeline. Il restait là longtemps, mais il n'osait pas plus : ni frapper à une porte, ni en éprouver le loquet, ni la pousser. Au bout d'un moment, il regagnait sa chambre en soupirant et en se traitant d'imbécile.

Une nuit, pourtant, il y eut quelqu'un devant l'une de ces portes, une forme blanche appuyée contre la balustrade, la tête levée vers les étoiles. Émeline ! Arkos la reconnut tout de suite. Il faillit faire demi-tour. Mais elle aussi l'avait vu et elle courut à sa rencontre. Sans un mot, ils se jetèrent dans les bras l'un de l'autre et s'embrassèrent passionnément.

Au petit jour, quand Arkos Guesserath eut regagné sa chambre, il eut la surprise et le désagrément de trouver un gnome allongé sur son lit. Celui-ci sauta aussitôt sur ses courtes pattes et s'inclina bien bas :

– Je vous attendais, général, grinça-t-il avec un affreux sourire. Je vous ai attendu toute la nuit. J'espère au moins qu'elle a été agréable.

– Ça va, merci ! répliqua sèchement Guesserath. Viens-en au fait, Sapo : qu'est-ce qui t'amène ?

Il le connaissait bien, hélas: Sapo était l'un des serviteurs attitrés de Saraoth.

– Vous savez, général, que les potions magiques ont une durée limitée. Celle que vous avez ingurgitée avant de partir arrive à son terme d'efficacité. Notre bon maître m'a chargé de vous porter ceci.

Tout en parlant, il avait sorti une fiole de sous son pourpoint et la tendit à Arkos. Le général déboucha le flacon et le porta à ses narines. Pouah! Ça puait comme cent mille diables. Il eut un instant la tentation de saisir le bonhomme à la gorge et de lui faire ingurgiter de force la potion. Mais c'était signer sa disgrâce. S'il désobéissait à Mordred, celui-ci était bien capable de le faire tuer à distance, par magie ou par le couteau d'un sicaire dépêché à cet effet.

– Il faut tout boire, précisa le gnome en agitant un doigt crochu.

Arkos eut vraiment envie de lui aplatir la figure à coups de poing! Se réfrénant à grand-peine, il porta le goulot du flacon à ses lèvres et avala d'un trait. Beurk! C'était encore plus atroce que d'habitude! Son estomac révolté en renvoya la moitié. Terrassé par la douleur familière, les jambes en coton et les entrailles en feu, le général Guesserath s'effondra sur le tapis de la chambre sous le regard goguenard du nabot.

10

En ouvrant un œil à la pointe du jour, Émeline étendit le bras et rencontra le vide à côté d'elle. Elle s'éveilla tout à fait. Arkos était parti, mais sa place était encore tiède. Émeline se leva, enfila un déshabillé en dentelle. Il fallait qu'elle parle à Arkos, qu'elle le convainque d'abandonner son camp et de se mettre au service du roi Jabert. Elle pensait avoir remporté une manche en attirant le général dans son lit, mais la partie n'était pas gagnée !

Émeline sortit sur le balcon et se dirigea d'un pas décidé vers la chambre de son invité. La porte-fenêtre était entrouverte. La jeune fille la poussa sans façon. Son regard se figea à la vue du corps étendu sur le tapis. Elle se précipita, secoua Guesserath, le souffleta, l'appela, sans parvenir à lui faire reprendre ses esprits. Elle se résolut à réclamer de l'aide. Des serviteurs inquiets, des caméristes affolées accoururent aussitôt. Émeline les envoya quérir des guérisseurs. Daganus et Ben Beewood furent les premiers sur les lieux. On les laissa intervenir, l'un en raison de son grand âge et de sa place éminente à la Cour, l'autre en raison de ses compétences. Ils comprirent tout de suite que le général avait été empoisonné. On fit sortir tout le monde à l'exception d'Émeline qui refusa de s'en aller.

– Il n'est pas tout à fait mort, constata Ben, l'oreille collée contre la poitrine où le cœur battait à un rythme irrégulier.

Émeline lui prit le bras :

– Je t'en supplie, sauve-le ! le pressa-t-elle.

Il ricana, amer :

– Tu me demandes ça à moi ?

– Tu es le meilleur, Ben ! Si tu veux, tu peux le sauver.

– Et si je ne veux pas ?

Émeline n'eut pas à répondre, son regard était assez éloquent. En soupirant, Beewood envoya un apprenti chercher ses poudres, ses onguents et ses instruments de médecine. Il était reconnu comme l'un des meilleurs spécialistes en poisons du royaume, que ce fût pour les contrer… ou pour les administrer !

Daganus, pour sa part, avait lancé sur Guesserath un charme puissant pour abaisser la température de son corps et réduire au minimum ses fonctions vitales, maintenant son âme à mi-chemin entre la vie et la mort. Cela laisserait du temps à Beewood pour préparer un antidote.

Quand il eut récupéré ses instruments, Ben se pencha sur le général pour prélever un peu du liquide qui avait coulé de sa gorge. Il déplia le poing crispé d'Arkos et récupéra la fiole où quelques gouttes de potion à l'état brut étaient restées. Il sentit le flacon, fronça le nez de dégoût et demeura perplexe :

– À ton avis, Émeline, demanda-t-il, Guesserath avait-il une raison de se donner la mort ?

La jeune femme sursauta :

– Tu es fou !

Il désigna la fiole :

– Il a pris le poison lui-même.

Daganus se pencha sur Arkos, ferma les yeux, se concentra :

– Mais il n'était pas seul, affirma-t-il. Quelqu'un lui a donné le poison.

Ben et Émeline s'entreregardèrent. Daganus entraîna la jeune fille à part.

– Que s'est-il réellement passé, Émeline ? demanda le vieil homme. Vous pouvez tout me dire, vos paroles ne ressortiront pas de mes oreilles.

La baronne garda le silence. Elle ne doutait pas de la discrétion du mage, mais craignait son jugement. Guesserath pouvait être considéré comme un ennemi ; et aimer un ennemi n'est jamais apparu comme un titre de gloire !

– La porte de la chambre était fermée à clef de l'intérieur, reprit Daganus. L'assassin n'a pu passer que par le balcon. Guesserath connaissait l'assassin, il n'aurait pas, sinon, accepté de boire une potion de sa main. Surtout une boisson qui sent aussi mauvais !

– Où voulez-vous en venir? demanda Émeline, troublée par le ton et le regard du mage.

– Émeline, vous êtes la dernière à l'avoir vu vivant et faites malheureusement une suspecte idéale. Je ne sais pas sous quel prétexte vous avez pu lui faire avaler ça, mais il avait confiance en vous et il a bu!

La jeune fille poussa un rugissement:

– Non mais ça va pas, vieux schnock! M'accuser d'avoir empoisonné Arkos! C'est moi qui suis intervenue au Conseil du Roi pour le faire libérer! Je suis du côté des pacifistes qui s'efforcent à tout prix de préserver la paix avec Orsmund. Si Arkos meurt, Mordred nous déclare la guerre!

– Désolé de vous le dire, mais vos... hum... origines ne plaident pas en votre faveur. On ne sait jamais très bien de quel côté sont les femmes de votre espèce.

– Mais je vais vous...! s'étrangla Émeline.

Daganus recula devant la jeune furie qui marchait sur lui, les poings serrés.

– Je ne vous accuse pas! se défendit-il. Je voulais juste évoquer les soupçons qui vont peser sur vous.

– Maître, je vous en prie, laissez Émeline tranquille, intervint Ben Beewood qui avait analysé la potion pendant l'altercation. Elle n'y est pour rien. La composition est beaucoup trop compliquée pour elle et les ingrédients ne se trouvent pas ici.

Le mage et la jeune fille oublièrent leurs griefs pour se rapprocher de Beewood.

– Le principe mortel est très simple : il s'agit d'arsenic. Les autres ingrédients ne sont pas du poison. Je m'explique : il entre sûrement une légère base d'arsenic dans la composition de cette potion, mais en principe, elle n'est pas mortelle. Seulement, cette fois, quelqu'un de malintentionné a augmenté la dose. Guesserath, qui connaissait la potion et la main qui la lui tendait, ne s'est pas méfié. Même le goût avait à peine changé.

– Et cette potion, interrogea Daganus, c'est quoi ?

– … Je crois que c'est *Simul Magistro*, prononça Ben gravement.

– Impossible ! s'écria le vieux mage. Cet enchantement a été interdit par la Convention contre les sorts inhumains ! Plus personne ne le connaît, de nos jours !

– Plus personne… sauf une !

Ben Beewood et son maître se regardèrent, consternés.

– Dites, intervint Émeline, vous avez l'air de savoir de quoi vous parlez, tous les deux, mais pas moi ! Ça veut dire quoi, *Simul Magistro* ?

– C'est le nom d'un enchantement très puissant qui transforme celui qui en est victime en œil et en oreille du sorcier qui l'a ensorcelé.

– Il n'y a plus guère que l'infâme Saraoth qui soit capable de le lancer.

– Ce qui veut dire ?

– Que Saraoth est censée voir et entendre tout, je dis bien tout ce que Guesserath voit et entend.

– Depuis combien de temps ? demanda Émeline, la bouche sèche.

Ben et Daganus échangèrent un nouveau coup d'œil entendu.

– Vous voulez dire que c'est une pratique courante ? Que le général est perpétuellement sous influence de ce… de cette… ?

Ben eut une moue de commisération et Daganus acquiesça gravement.

– Il y a autre chose, dit ce dernier. Ce sort a une caractéristique particulière qui fait qu'il dure longtemps, plusieurs semaines, bien plus longtemps qu'un sort ordinaire : il n'est opérationnel qu'entre deux personnes de même sang.

– Quoi ? Il faut que Saraoth et Guesserath soient de la même famille ?

– Oui : mère et fils, grand-mère et petit-fils, tante et neveu ou quelque chose comme ça.

Émeline reporta son regard sur le corps étendu, aussi rigide qu'un cadavre.

– Alors, il est impossible que Saraoth ait augmenté la dose de poison : pas contre un homme de son sang qui lui est aussi utile.

Daganus se gratta la barbe :

– Je ne crois pas qu'une bougresse de la trempe de Saraoth se sente retenue sur le chemin du crime par des sentiments familiaux. Si des intérêts supérieurs l'exigent…

Émeline secoua la tête :

– J'ai vu Saraoth. J'ai vraiment du mal à imaginer qu'Arkos lui soit lié par quelque lien familial que ce soit !

– Ma vieille, il faut te faire à cette idée, railla Ben. Si tu épouses Arkos, tu auras Saraoth pour belle-mère !

– L'épouser ? sursauta Daganus.

– Il plaisante ! siffla Émeline, furieuse.

Le jeune mage reprit son sérieux :

– L'antidote serait facile à fabriquer, déclara-t-il, l'arsenic est un poison assez courant. De plus, Gues-serath a rejeté une bonne partie du liquide qu'il était censé ingérer. Cette réaction physiologique pourrait l'avoir sauvé. Cependant…

Il échangea un regard embarrassé avec son maître.

– Cependant ? répéta Émeline d'un ton peu amène.

– Maître Daganus et moi ne savons pas si nous devons le sauver.

– Quoi ? rugit la jeune fille.

– À cause de l'augure, précisa Ben.

Émeline l'attrapa par le devant de sa robe de mage :

– Tu vas m'expliquer ça tout de suite !

Daganus vola à la rescousse de son disciple :

– Les astres sont formels et le vol des oiseaux le confirme, déclara-t-il d'une voix solennelle : Guesserath est prédestiné à assassiner un roi. NOTRE roi, Émeline !

– Ce n'est qu'un des futurs possibles ! protesta-t-elle.

– Laisser mourir Guesserath supprime ce futur-là.

– … Mais en crée d'autres encore plus terribles ! Qu'Arkos meure et c'est la guerre assurée. Des milliers de victimes ! Et nous ne sommes pas sûrs de l'emporter ! Notre roi ne veut pas la guerre. Maître Daganus, notre histoire et nos légendes sont remplies de destins qui se sont accomplis grâce aux efforts déployés justement pour les contrer. Vous le savez bien !

Le vieux mage se caressait pensivement la barbe.

– Je sais cela, soupira-t-il, et c'est ce qui m'a retenu jusque-là de laisser mourir cet homme !

– Épargnez Arkos, supplia Émeline, et moi, je me fais fort de contrer son destin !

11

Quand Arkos reprit conscience, quelques jours plus tard, il se demanda d'abord ce qu'il faisait dans cette chambre-là. Ben Beewood, qui le veillait, lui expliqua qu'il se trouvait à l'hôpital royal, qu'il avait été empoisonné et qu'il avait de peu échappé à la mort.

– C'est toi qui m'as sauvé ? s'étonna le général.

– Ne me remercie pas ! rétorqua le mage. Si Émeline ne s'était entremise en ta faveur, je t'aurais volontiers laissé crever !

– Trop aimable ! ricana Arkos. Je pensais que nos aventures nous avaient rapprochés et avaient créé entre nous une sorte de camaraderie, à défaut d'une franche amitié !… C'est à cause d'Émeline, n'est-ce pas ? Tu m'en veux de l'intérêt qu'elle semble me porter ?

– Qu'elle ne m'aime pas, dit Ben avec tristesse, j'en ai pris mon parti. Mais qu'elle s'amourache d'un type comme toi !

– Qu'elle s'amourache de moi, hein ? répliqua Guesserath, amer. Je ne le crois pas. N'est-elle pas la maîtresse du roi ?

– Comment tu sais ça, toi ? C'est elle qui te l'a dit ?

Arkos haussa les épaules :

– Ce n'est pas difficile à deviner !

– Et c'est pour ça que tu veux tuer Jabert Ier ! s'exclama Ben d'un ton triomphant.

– Qu'est-ce que tu vas chercher ? gronda Arkos.

– Va prétendre le contraire ! Les augures l'ont vu clairement ! Tu veux tuer notre sire pour complaire à ton duc et obéir à de bas motifs personnels…

– Ferme-la, tu veux ? le coupa Guesserath. Les augures se trompent. Tuer Jabert n'a jamais été dans mes intentions !

Au même moment, Émeline entra dans la chambre. Elle fut tellement heureuse de voir Arkos réveillé qu'elle se précipita sur lui pour l'embrasser. Il la repoussa, gêné.

– Pas de chichis entre vous ! railla Beewood. Avec le traitement que je t'ai appliqué, Arkos, la vieille Saraoth ne peut plus assister à vos ébats.

– Hein ? rugit le général.

– *Simul Magistro*, c'est fini. Après un lavage d'estomac complet et un traitement anti-poison à ma façon, te voilà libre, si ce mot signifie quelque chose pour toi.

– Tu en es vraiment sûr ? demanda Guesserath anxieusement. Tu connais les effets de cet enchantement, toi ?

– Et comment ! se rengorgea le mage. Je suis sans doute l'un des derniers à les connaître – avec Saraoth, évidemment ! C'est un sort interdit par les Conventions.

Arkos haussa les épaules. Comme si les Conventions pouvaient arrêter Saraoth !

– Elle est quoi pour toi, Saraoth ? s'enquit Émeline.

– Un cauchemar ! répondit le général sans hésiter.

– Je veux dire… quels sont vos liens de parenté ?

– Hein ? sursauta-t-il. Avec Saraoth ? Mais aucun ! Quelle horreur !

Beewood prit un air doctement sadique pour assener :

– Tu ignores donc que ce sort exige un lien de parenté pour fonctionner ?

– Tu plaisantes ?

– Non. Je cite : « Pour voir à travers les yeux de sa victime et entendre par ses oreilles, le mage doit partager le même sang. »

Arkos bondit du lit, les joues en feu :

– Tu en es absolument sûr ? rugit-il en saisissant Ben par le devant de sa tunique.

– Ben oui, répondit l'autre en se dégageant avec un geste agacé.

Arkos retomba sur le lit, accablé. En un éclair, tout lui revint, tout devint clair en son esprit. C'était par une pluvieuse matinée d'automne. Arkos venait d'avoir sept ans et de perdre sa maman, morte d'épuisement et de misère. Il savait qu'il allait mourir de faim à son tour : personne dans le village ne tendrait la main pour aider le petit bâtard, le jeune serf orphelin. Soudain, du rideau de pluie surgit une troupe armée. Des soldats du duc d'Orsmund. Pas de Mordred, non : de son père, Dracon. Sous les yeux des villageois stupéfaits, ils avaient emmené l'enfant ; ils l'avaient conduit au château et jeté tout tremblant aux pieds de Dracon. Arkos se souvenait parfaitement de cet instant, et du vieil homme impressionnant. À l'orphelin sans nom, au jeune serf privé d'avenir, le vénérable chef de guerre avait fait une extraordinaire proposition :

« Petit, je vais te donner la chance de ta vie. À toi de mériter mon intérêt. Je vais te nourrir, te vêtir et te donner une éducation de soldat. Si tu en as les capacités, je ferai de toi un officier de ma garde, le meilleur de mes guerriers. Je t'accorderai un nom, tu feras partie de ma cour. En échange, je te demande de consacrer ta misérable existence à ma famille, de lui vouer ton souffle, tes forces, ton intelligence, la moindre de tes pensées, le moindre de tes instants. Je n'ai qu'un fils et je mourrai bientôt. Je veux que tu jures fidélité à mon héritier, je veux que tu le serves au péril de ta vie. Je t'achète pour Mordred et je te donne à lui. Un pacte magique, un pacte de sang, va vous unir. Ta vie sera liée à la sienne et n'existera plus que par lui. S'il meurt, tu meurs. Si tu le trahis, tu mourras aussi ! »

L'enfant épouvanté avait été traîné dans les souterrains de Saraoth. La sorcière était déjà bien vieille, pas aussi voûtée ni aussi ridée qu'aujourd'hui, mais tellement vieille aux yeux de l'enfant ! Mordred se trouvait là également, adolescent boutonneux au long visage maigre et au teint jaune. Le jeune noble et le petit serf avaient échangé leur sang, puis Saraoth avait fait boire à Arkos une potion – pas aussi mauvaise que celle de *Simul Magistro*, cependant !

Dracon avait tenu parole et Arkos, devenu le général Guesserath, avait tenu la sienne. Il avait été d'une fidélité exemplaire envers les ducs d'Orsmund père et fils, au mépris de sa propre vie. Au mépris même de son âme. Mais les serfs ont-ils une âme ? Pourquoi l'avoir choisi, lui ? Il ne manquait pas de fils de nobles, de cousins orphelins, d'enfants d'hommes libres, qui auraient pu tenir le même rôle que lui. Ce n'était pas

Saraoth qui voyait par ses yeux, il n'était pas l'oreille de Saraoth, mais celle de Mordred. Parce que Mordred et lui étaient du même sang !

Parce que le duc Dracon était son père !

Sûrement !

Arkos se passa une main sur le visage pour cacher son émotion. Il venait de comprendre qu'il était le demi-frère de Mordred ! Inutile que les autres le sachent. Inutile qu'ils le devinent à son trouble.

– Ben Beewood, reprit-il en raffermissant sa voix, j'ai vraiment été empoisonné ? Ça ne peut pas être une réaction de mon corps à une prise trop fréquente de la potion ?

– Non. Par ailleurs, Saraoth n'est pas une amatrice. À moins qu'elle ne soit devenue sénile, je la vois mal se tromper dans le dosage de ses ingrédients. Elle l'a donc fait sciemment.

– Elle ne se serait jamais permise de le faire sans l'ordre du duc. Ou du moins sans son consentement.

– Si tu meurs dans ce palais, Mordred déclare la guerre à Jabert Ier en clamant haut et fort que le roi a fait assassiner son ambassadeur, expliqua Émeline. Mais c'est ridicule ! S'il veut la guerre, il n'aurait pas pris le risque de se passer de son meilleur général ! Il avait mille manières d'engager les hostilités tout en conservant ta vie !

– Sauf si Arkos représente une menace pour lui, fit Ben.

– Mais je ne suis pas une menace ! s'insurgea Guesserath. Ma fidélité à son égard n'a jamais été prise en défaut !

– Les astres et les augures s'expriment souvent de façon obscure, prononça pensivement le mage. Maintes fois, nous ne comprenons ce qu'ils ont voulu dire qu'après coup.

– Et toi, que veux-tu dire ? s'impatienta Émeline.

– Si ses sorciers et ses aruspices ont lu les mêmes présages que nous, ils ont pu penser que la personne visée par la menace était non pas Sa Majesté Jabert Ier, mais le duc Mordred lui-même !

– Pourquoi ? Ils disent quoi au juste, ces présages ? questionna Émeline.

– La Prophétie des Rois écrite par le mage Pélage en l'an 940 déclare ceci au verset 1560 : « La lune en pamoison, le puissant couronné verra son chef tranché par le fils du dragon ». Le verset 1560 concerne notre époque. La « lune en pamoison », c'est l'éclipse de lune qui doit se produire dans quelques jours. Dans le « puissant couronné », nous avons vu Jabert Ier, mais ce pourrait tout aussi bien être Mordred coiffé de la couronne ducale.

– Mais qu'a à voir Arkos avec le « fils du dragon » ?

– Autrefois, les Orsmundiens étaient appelés « fils du dragon » à cause de leur duc Dracon. Arkos est un Orsmundien, donc un « fils du dragon », qui plus est envoyé par Mordred, le « fils de Dracon ». De toute façon, une éclipse de lune est un mauvais présage et la configuration des astres promet de grands bouleversements.

– Bref, on est prêt à exécuter Arkos uniquement sur la foi d'augures à l'interprétation contradictoire ! s'indigna Émeline.

Arkos garda le silence. Il ne pouvait croire que son maître ait voulu l'assassiner. Saraoth, peut-être, ou d'autres : il avait plus d'un ennemi à la cour ducale. Mais son maître, non !

– Je vais retourner à Orsmund, déclara-t-il enfin. Je dois m'expliquer devant mon duc. Et s'il désire vraiment ma vie, qu'il la prenne ! De toute façon, elle lui appartient.

– Tu es vraiment stupide, toi ! se fâcha Émeline. Ta vie, elle n'appartient qu'à toi ! Tu es libre, Arkos, il suffit que tu le décides ! Mais sans doute aimes-tu ton duc plus que moi !

– C'est toi qui parles d'amour et de liberté ? railla Arkos. Toi qui ne disposes ni de l'un ni de l'autre, toi, la maîtresse du roi ?

Émeline devint écarlate :

– Mais qu'est-ce que tu racontes ? Je ne suis pas la maîtresse du roi !

– Encore un de tes mensonges ! Toute la cour sait ça. Même ton meilleur ami le reconnaît.

– Ben, grinça-t-elle entre ses dents, tu me le paieras !

– Hé ! J'ai rien dit, moi ! protesta l'interpellé.

Arkos se leva posément et commença à s'habiller.

– Je ne te laisserai pas retourner chez Mordred ! cria Émeline.

– Tu n'es pas en état de faire la route, prononça le mage. De toute façon, tu es consigné ici sur ordre du roi. Les issues sont gardées.

– Ah ouais ? ricana Guesserath.

Sa réaction fut si rapide qu'elle prit de court ses compagnons. Arkos fonça sur Ben Beewood, le déséquilibra violemment, évita Émeline qui tentait de le plaquer aux jambes et bondit sur la porte qu'il fit claquer derrière lui.

– Il semble effectivement trop faible pour faire la route ! ironisa la jeune fille, les cheveux en bataille.

– À la garde ! beugla Beewood. Il faut l'arrêter !

Puis, réalisant d'un seul coup :

– Sa jument ! Il ne faut surtout pas qu'il récupère sa jument !

12

– Tout de même, glapit madame la ministre de la Guerre, il est hautement suspect que cet individu soit parvenu à s'enfuir. L'hôpital était pourtant gardé ! À croire que le général a bénéficié de complicités occultes, de connivences haut placées !

Émeline, muette, se tenait immobile dans le cercle des regards. Le roi n'avait encore rien dit. Ils étaient plusieurs conseillers à se sentir visés par les allusions acides de la ministre, tous ceux qui avaient prêté une oreille complaisante aux propos de l'Orsmundien. Le ministre des Finances compulsait fiévreusement ses notes, celui de la Magie et des Cultes regardait au plafond des mouches voler, et Daganus, le Mage-Conseiller, les yeux mi-clos, méditait.

Jabert Ier somma le jeune Beewood de s'expliquer. Rouge de confusion, Ben tenta de raconter la fuite de Guesserath sans compromettre son amie. Mais personne ne fut dupe. Émeline avait trop lourdement insisté pour qu'Arkos restât libre. N'était-ce pas dans ses bras qu'on avait retrouvé le général empoisonné ? N'était-ce pas encore en sa présence qu'il s'était envolé ?

– Que tous les moyens soient mis en œuvre pour arrêter Guesserath ! Fermez les frontières, contrôlez les voyageurs ! commanda Jabert Ier.

– Ces dispositions sont déjà prises, Majesté ! triompha Dakoïne Marazabath. J'ai fait masser nos troupes aux frontières et diffusé partout le signalement de Guesserath. Il ne devrait pas nous échapper. J'ai donné l'ordre qu'on s'empare de lui mort ou vif !

Émeline tiqua mais n'osa rien dire. Sa propre situation était déjà bien assez délicate, inutile d'en rajouter. Le roi renvoya ses conseillers.

– Toi, tu restes ! lança-t-il sèchement à la jeune fille.

Quand ils furent seuls tous les deux, Jabert laissa libre cours à son irritation :

– Tu me mets dans une situation impossible ! cria-t-il en faisant les cent pas. Dis-moi la vérité : quelle est ton implication dans la fuite de Guesserath ?

– Je ne suis pas stupide au point de l'aider à s'enfuir, protesta-t-elle. Il risquait moins en restant parmi nous qu'en retournant dans son duché.

– Pourquoi s'est-il enfui ? Tu disais avoir bon espoir de le retourner en notre faveur.

– Sans doute ai-je surestimé l'intérêt qu'il me porte, dit-elle tristement. Ou bien sous-estimé son sens de l'honneur et de la loyauté.

– Il n'y a pas d'honneur à servir un mauvais maître !

– Êtes-vous sûr d'être toujours un bon maître ? demanda Émeline doucement.

D'abord interloqué, Jabert éclata de rire :

– Tu as de la chance d'être ce que tu es ! Une telle parole aurait conduit un autre au cachot ! Tu es la digne fille de ta mère. Ce que j'appréciais surtout chez elle, c'était sa franchise et sa spontanéité.

Un nuage de tristesse passa dans le regard du souverain :

– C'est la seule femme que j'aie vraiment aimée. Je ne pardonnerai jamais à Mordred de l'avoir fait assassiner !

– La seule que vous ayez aimée, sire ? susurra perfidement Émeline. Et l'épouse d'Urs de Paludrac, alors ?

– Mais d'où tires-tu ces renseignements, toi ? Un jour ou l'autre, je te ferai couper les oreilles pour curiosité mal placée et arracher la langue pour bavardage intempestif !

Émeline répondit à la menace par un éclat de rire.

– C'est vrai, avoua le roi, j'ai aimé beaucoup de femmes, mais je n'ai pas eu beaucoup de chance avec elles. Elles m'ont préféré un autre comme Ilse de Paludrac, elles sont mortes comme la mère d'Alaïs ou, comme la tienne, elles m'ont quitté.

– Sans parler de toutes celles dont vous vous êtes lassé ! Il serait peut-être temps de pardonner à Urs, non ? reprit Émeline avec sérieux. Sa femme est morte, et il vit seul dans un château perdu au milieu des marais. Votre clémence vous attirerait un allié ou, à tout le moins, une neutralité.

– Urs de Paludrac ne constitue pas une menace, émit Jabert en haussant les épaules.

– Lui tout seul, non. Mais toutes les forces des mécontents alliées à celles du duc Mordred, cela finit par représenter quelque chose !

– Oui, fit le roi pensivement. Je devrais peut-être reconsidérer mon système diplomatique… Que comptes-tu faire, toi, à présent ?

– Vous me permettez de faire ce que je veux ? s'exclama-t-elle en feignant la surprise.

– Tu fais toujours ce que tu veux ! bougonna-t-il. De toute façon, et quoi qu'il m'en coûte, il vaudrait mieux que tu t'éloignes quelque temps. Tu as de sérieux ennemis à la cour.

– Merci, mon roi ! Alors, je vais essayer de retrouver Arkos avant qu'il ne fasse une bêtise.

– Tu crois vraiment qu'il cherche à m'assassiner ? demanda Jabert, préoccupé.

– Non, je ne le crois pas. Mais qu'il fasse confiance à son duc au point de retourner auprès de lui, ça, c'est de la bêtise !

Les lads chargés de l'écurie royale ne se sont pas méfiés. Elle paraissait docile, cette grande jument noire qu'on leur avait confiée. Aussi furent-ils complètement pris au dépourvu quand, atteinte de folie furieuse, elle cassa sa longe et se mit à démolir son box à grands coups de sabot. Les garçons d'écurie qui tentèrent de s'interposer furent impitoyablement piétinés. Le temps qu'on aille chercher des renforts, l'animal avait abattu une bonne partie de l'écurie, semé la panique parmi les autres bêtes et jeté au tapis les palefreniers les plus hardis. On lui courut sus, armés de fourches et de gourdins. La jument s'ébroua. Son hennissement retentit comme un grand rire. Tournant la croupe à ses assaillants, elle franchit les barrières en un bond prodigieux et s'enfuit au galop dans un nuage de poussière.

Les jours passèrent sans qu'on eût de nouvelles d'Arkos Guesserath. Ou plutôt, il ne s'écoula pas de jour sans qu'on eût de lui les nouvelles les plus fantaisistes. Eu égard à la récompense promise à ceux qui donneraient des informations, on l'aperçut partout ! On le vit dans le moindre voleur de poules comme dans les bandes organisées de brigands de grand chemin, dans le croquemitaine, dans la goule, dans le spectre qui hante le château le plus reculé, dans le mendiant qui passe, dans le chemineau qui erre. Comme on ne connaissait pas son visage, on se plut à le reconnaître dans tout étranger. Avec les conséquences que l'on devine ! Il ne faisait pas bon être inconnu au bataillon dans le royaume de Jabert Ier, ces temps-ci ! En un clin d'œil, les prisons furent pleines à craquer. Et allez distinguer le bon grain de l'ivraie dans cette engeance ! Portrait officiel en main, les gens d'armes, soldats, policiers et magistrats s'évertuaient à reconnaître Arkos parmi les grands, les petits, les gros, les maigres, les droits et les bancroches qu'on leur présentait mordicus comme tel. On leur apportait même parfois des petits enfants ou des vieilles femmes ! Une sorte de transe collective, de folie furieuse, soigneusement entretenue par la ministre de la Guerre, s'était emparée des sujets du roi Jabert Ier. On s'armait, on s'alarmait, on se barricadait, les pires rumeurs couraient sur l'arrivée prochaine des hordes orsmundiennes…

Au milieu de cette psychose collective, difficile pour Arkos de passer inaperçu, d'autant que sa jument noire le rendait facilement repérable. Il tenta de la convaincre de rentrer seule au bercail, ce qui donna lieu à de houleuses discussions. Elle avait beau être docile, il y avait des circonstances où elle ne pouvait pas se taire, tout de même ! Et on ne transporte pas impunément un homme sur son dos pendant des mois sans finir par éprouver des sentiments. Bref, l'ex-colonelle était éperdument amoureuse de son cavalier et ne voulait pas l'abandonner dans l'adversité ! Il fallut qu'il la menace de la livrer à la prochaine boucherie chevaline pour qu'elle accepte enfin de s'éloigner, vexée. Quant à lui, il s'enfonça au plus profond de la forêt d'Antregoule, seul, nu et sans arme. Parce qu'il faut être sans arme pour se présenter devant le Petit Peuple, seul et nu pour faire alliance avec les Créatures de la Nuit…

La nuit, Émeline l'avait mise à profit pour s'enfuir en très mince équipage. Si l'épisode Guesserath ne se révélait pas un prétexte suffisant pour la déconsidérer auprès du roi, ses ennemis n'hésiteraient sans doute plus à la faire assassiner. Émeline savait trop bien ce que Daganus avait voulu dire par « femmes de son espèce » ! Qu'une « femme de son espèce » fût la principale conseillère du roi chagrinait plus d'un courtisan. Elle comprenait mieux, à présent, pourquoi sa mère, avant elle, avait dû fuir…

Avant de quitter la capitale, cependant, Émeline fit un détour par l'officine de Ben Beewood. Celui-ci la reçut fraîchement. Les ennuis et les menaces pleuvaient sur lui depuis que le général s'était enfui. Mais la jeune femme sut le convaincre de fabriquer pour elle un philtre spécial, composé à partir de trois poils de la barbe d'Arkos : une aiguille de boussole imprégnée de ce philtre et manipulée par un cœur aimant indique immanquablement la direction prise par l'être aimé. Émeline n'avait plus qu'à suivre cette piste.

La boussole indiqua d'abord la forêt d'Antregoule. Émeline frissonna : elle n'avait guère envie de croiser à nouveau Boerk le Porc ou le cheval sans tête ! Mais fort heureusement, après une hésitation, la boussole vira de 180 degrés pour indiquer la direction opposée à la forêt. La jeune femme s'engagea sur ce nouvel itinéraire avec soulagement.

Nous passerons sur les détails fastidieux du trajet. Il ne se passa strictement rien d'intéressant à raconter : aucun danger, aucune tragédie, aucun piège, simplement de beaux paysages sous un ciel bleu azur…

Bref, huit jours après, Émeline arrivait à la limite nord-est du royaume qui côtoie le désert des amazones. Elle était étonnée que le général eût choisi un itinéraire qui passait carrément à l'opposé du duché d'Orsmund ! Certes, cette région frontalière était la moins bien gardée de tout le pays. Et pour cause : de l'autre côté s'étendait une terre inhospitalière hantée par de terribles guerrières. Aucun homme sensé n'aurait songé à s'aventurer sur leur territoire. Il courait les bruits les plus horribles sur le sort réservé aux mâles qui osaient s'y risquer : on les réduisait en esclavage, les obligeant à faire la vaisselle, à balayer et à épousseter, ils n'avaient plus le droit de conduire des chars ni des chevaux et on leur mettait des torchons sur la tête. Atroce ! Autant dire qu'il n'était guère nécessaire de surveiller cette frontière, quand bien même on aurait trouvé des douaniers volontaires pour cela. Arkos Guesserath avait-il l'intention de tenter sa chance et de traverser le désert des guerrières ? Alors, c'est qu'il en était réduit à la dernière extrémité, songea Émeline avec un pincement au cœur. Le général ne devait plus être loin, d'ailleurs, car l'aiguille de la boussole tournait dans tous les sens. Mais la nuit tombait, rendant les recherches difficiles, et Émeline, fatiguée de chevaucher, installa son campement dans une prairie et alluma un feu de bois. Elle venait juste de commencer à manger – elle s'était fait griller des saucisses – quand une voix criarde la fit sursauter :

– Hep là, Mam'zelle ! 'Scusez le dérangement, mais vous z'auriez pas un petit quequ'chose à partager avec une pauvre vieillarde affamée ?

Émeline se retourna : à la limite de la lumière et de la nuit, une vieille femme voûtée appuyée sur un bâton s'avançait avec hésitation. Émeline connaissait les contes, elle savait que les vieillardes affamées cachent souvent de puissantes fées qui ont des cadeaux à vous offrir ou des choses intéressantes à vous raconter, et qui s'empressent de punir les effrontées qui les repoussent. Mais la jeune fille était aussi naturellement sympa et n'aurait pas eu le cœur de manger de bon appétit devant un ventre vide.

– Approche, noble vieillarde, et viens te réchauffer. Tu partageras mon repas.

La vieillarde sembla ne pas comprendre tout de suite. Avait-elle mal entendu ? On dit que ventre affamé n'a pas d'oreilles… Aussi Émeline se leva-t-elle et ramena-t-elle la femme par le bras auprès du feu.

– Assis ici. Manger !

Elle fourra une saucisse dans du pain et tendit le tout à la mendiante.

– Mangez tant que c'est chaud.

La vieille ne se fit pas prier et croqua à belles dents – si si ! – dans le pain bis. Quand elle eut mangé, elle réclama un petit coup à boire et apprécia le vin rouge qu'Émeline transportait dans sa gourde.

– Puisque vous m'avez nourrie, réchauffée et abreuvée, fit la vieille d'une voix chevrotante, je vais vous récompenser par un avertissement. Nous ne sommes pas loin de la frontière des terribles amazones.

– Oui, ça, je sais, dit Émeline.

– Elles sont vraiment terribles, vous savez.

– Oui, je sais.

– Aucun homme ne peut passer.

– Je sais, mais ça tombe bien, je suis une femme. Vous n'avez rien de plus nouveau à m'apprendre ?

– Aux dernières nouvelles, une bête terrible sévit dans cette région-ci.

– Non ?

– Si si ! Une espèce de grand loup noir très très méchant.

– Ah ! Voilà qui est intéressant ! Vous pouvez m'en dire plus ?

– Je reprendrais bien un peu de ce vin, moi !

Émeline lui versa à boire. La vieille claqua la langue et reprit, l'air réjoui :

– On dit que ce loup dévaste les troupeaux de moutons à des kilomètres à la ronde, qu'il attaque les bergères et dévore les petits enfants. On dit qu'il vole les poules et qu'il souffle sur les maisons de paille. On dit qu'il est vomi de l'enfer pour nos péchés. On dit qu'on ne peut le tuer qu'avec des balles d'argent trempées dans l'eau bénite…

– Euh… c'est quoi, des balles d'argent ?

– Ben… j'en sais rien, moi ! Je n'ai pas encore inventé la poudre !

– Depuis quand est-il apparu ?

– Depuis ce matin.

– Et il a déjà provoqué autant de dégâts en si peu de temps ?

– Oh non, bien sûr ! Mais c'est toujours ce que font les grands loups noirs méchants quand ils se pointent sur un territoire.

– Et si celui-ci était gentil ?

– Vous avez déjà vu des grands loups noirs gentils, vous ?

Émeline garda un silence rêveur.

– Et où puis-je le rencontrer, moi, votre loup ? demanda-t-elle enfin.

– À ce qu'on raconte, il serait actuellement dans la forêt qui se trouve juste à la lisière de ce pré, alors je vous conseille de ne pas dormir toute seule ici cette nuit !

– Vous voulez dormir avec moi, c'est ça ?

– Ben… c'est que j'ai peur, toute seule, la nuit. Et puis à deux, on se réchaufferait.

Émeline se mit à rire :

– D'accord, alors restez près du feu et réchauffez-vous pendant que je jette un coup d'œil dans cette forêt.

– Mais vous êtes complètement inconsciente, ma pauvre enfant ! glapit la vieille d'une voix suraiguë. Vous ne vous rendez pas compte des dangers que vous courez !

– Je ne suis ni une agnelle, ni une poule, ni une bergère, ni un petit enfant, sourit Émeline.

Elle ajouta en dégainant sa rapière :

– Et je suis bien armée ! Je ne pense pas courir trop de risques !

– Bon, eh bien permettez que j'entretienne le foyer en attendant votre retour. D'accord ?

Émeline alluma une torche et, lame au clair, se dirigea vers la forêt.

– Arkos ! appela-t-elle à mi-voix. Arkos ! Je sais que tu es là ! Apparais-moi sous une forme ou une autre ! Je ne te veux aucun mal. Fais-moi confiance, c'est moi, Émeline !

Une forme noire surgit d'un buisson et sauta au-dessus de la jeune femme à une telle vitesse que la torche vacilla.

– Arkos !

Un énorme loup noir se tenait en arrêt devant Émeline, babines retroussées, haletant, farouche.

– C'est toi, n'est-ce pas ?

Le loup gémit. Émeline rengaina son arme. Le fauve s'approcha lentement et vint lécher les doigts que tendait la jeune fille.

– Tu goûtes, mais tu ne manges pas, hein ? Brave bête ! dit-elle en lui flattant l'encolure.

Elle sentit sous ses doigts, cachée dans la fourrure, la cordelette qui retenait le pendentif. Elle tira d'un coup sec. Bien qu'elle s'y attendît, la métamorphose brutale la fit sursauter. Le poitrail de l'animal se déchira, libérant une forme humaine.

– Eh bien voilà ! triompha Émeline. Je te préfère quand même sous cette forme-ci !

– Tu vas me faire arrêter ? gronda Guesserath.

Sa voix n'avait pas tout à fait récupéré son timbre habituel.

– Merci de ta confiance ! riposta-t-elle.

– Tu semblais si désireuse de me garder en captivité !

– Les choses ont changé. À présent, moi aussi je suis fugitive. Le roi ne m'a pas pardonné ton évasion.

– Tu m'en vois désolé. On est encore loin du désert des amazones ?

– Non, la frontière n'est qu'à une demi-journée de marche.

– Et je vais faire comment pour passer inaperçu, maintenant que tu m'as enlevé mon déguisement ?

– Ce sont les Créatures de la Nuit qui t'ont vendu ce charme magique ? demanda Émeline en faisant tourner la dent de loup au bout de la cordelette brisée.

– Évidemment !

– Et, bien sûr, elles ne t'ont pas mis en garde à propos des effets secondaires de ce talisman ?

– Non.

– Celui qui le porte plus de neuf jours, consécutifs ou non, finit sa vie dans la peau d'un loup. Dé-fi-ni-ti-ve-ment ! Tu ne savais pas ?

– Glups ! fit Arkos en avalant sa salive.

– J'adore les bêtes mais, franchement, je t'aime mieux sous une forme humaine, mon ami ! Allez, suis-moi !

– Euh… je préfère éviter les lieux habités.

– J'ai dressé mon camp à l'orée de cette forêt. Je suis seule, tu n'as rien à craindre.

– Seule, vraiment ? Avec qui parlais-tu ?

– Ben dis donc, les loups ont l'ouïe fine !

– C'est pour mieux t'entendre, mon enfant !

Émeline éclata de rire :

– Ne t'en fais donc pas, je suis juste en compagnie d'une mère-grand. La pauvre, elle ne me semble pas bien dangereuse. Elle est sourde comme un pot !

La vieillarde sursauta à la vue d'Arkos dans le plus simple appareil. Elle s'empressa d'aller chercher une couverture pour l'en envelopper.

– On fera mieux demain, dit Émeline. Je te trouverai des vêtements.

– … et une arme, s'il te plaît ! ajouta Guesserath. Je me sens tout nu sans épée. Cette vieille, là, elle s'appelle comment ?

– Tiens, je ne le lui ai pas encore demandé ! Quel est votre nom, Madame ?

– Euh… Simone ! Je m'appelle Simone ! cria l'interpellée de sa voix suraiguë.

On s'organisa du mieux qu'on pût pour dormir autour du feu et la nuit se passa sans incident.

Le lendemain, Émeline se rendit au bourg le plus proche et y troqua son cheval contre de la nourriture et des hardes. À son retour au camp, Arkos s'étonna de cet échange.

– Choix judicieux, au contraire ! chevrota la vieille. Vous connaissez les amazones de réputation ? Ce sont des voleuses. Un cheval ne ferait qu'attiser leur convoitise et elles ne s'embarrasseraient guère du sort du cavalier qui est dessus. Il ne faut pas avoir l'air riche si on veut traverser leur territoire sans encombre !

– C'est aussi pourquoi j'ai pris ces vêtements de miséreux.

– Une jupe ? s'étonna Guesserath.

– Vous ne voulez tout de même pas y aller habillé en homme ! s'effara Simone. Vous ne savez pas ce qu'elles font aux mâles, ces guerrières de malheur ?

Mais quand Arkos eut passé les vêtements apportés par Émeline, il fallut se rendre à l'évidence : on aurait beau lui raser le menton, le général pourrait difficilement passer pour une femme, même selon les critères amazoniens de la féminité !

– Bon, changement de programme, décida Émeline. Je retourne chercher des vêtements d'homme et tu vas passer pour mon mari.

– Je ne demande pas mieux ! sourit Guesserath.

– C'est que vous ne connaissez pas le sort réservé aux maris dans ce pays ! soupira la vieille en levant les yeux au ciel. Ce sont eux qui se tapent toutes les corvées ménagères, leurs femmes peuvent les fouetter et même les tuer si elles n'en sont pas satisfaites, et…

– Vous avez fini de dire des horreurs à propos des amazones ? s'impatienta Émeline.

– Laisse-la parler, intervint Arkos, amusé. Moi, ça m'intéresse de savoir ce qui m'attend de l'autre côté de cette frontière !

La vieille ne demandait pas mieux. Elle prit un air de circonstance et lança sa tirade d'une traite :

– Les amazones habitent le territoire le plus inhospitalier de tout le monde connu. À côté, le désert des Moungouzes fait figure d'aimable oasis ! Incapables d'assurer leur survie par des moyens naturels et honnêtes, les habitantes de ces contrées ont dû développer au cours des siècles d'exceptionnelles facultés de violence, de ruse et de duplicité. N'ayant rien à vendre, elles font commerce d'elles-mêmes : de leurs charmes, de leurs muscles ou de leur ventre. Elles sont donc prostituées ou mercenaires et vendent leurs enfants mâles. N'ayant pas de type physique particulier puisqu'elles se reproduisent au hasard des rencontres, elles se fondent dans les populations voisines avec une dangereuse habileté et infiltrent royaumes et duchés. Elles y glanent des informations politiques, militaires ou industrielles, voire des potins mondains, qu'elles s'empressent de monnayer dans les empires d'à côté. Enfin, habituées à chevaucher et à se battre dès leur plus jeune âge, elles forment des guerrières particulièrement redoutables. Leur cruauté et leur aptitude à faire parler les prisonniers sont devenues proverbiales. Sur leur territoire même, elles ne respectent rien : ni bien, ni bête, ni âme, s'emparant de ce qui leur fait envie selon leur bon plaisir. Elles n'admirent que la ruse ou la force. Voilà le genre de créatures auxquelles vous allez être confronté de l'autre côté de cette frontière, mon pauvre ami !

– C'est tout à fait ton portrait, tu ne trouves pas ? ironisa Arkos en se tournant vers Émeline qui observait un silence boudeur.

Elle lui jeta un regard si noir qu'il crut bon d'ajouter :

– Je plaisante, évidemment !

Être traitée d'amazone, pour une femme de ce royaume, était l'une des pires injures qui soient !

– Ce que Simone oublie de dire, répliqua Émeline, c'est que le territoire des amazones, il y a plusieurs siècles de cela, s'étendait bien au-delà de ses frontières actuelles et comprenait des prairies, des forêts, des terres cultivables, des montagnes et des plaines. Et que sous les coups de boutoir des envahisseurs de tout poil, ce territoire s'est réduit comme peau de chagrin. Que les amazones ont dû développer des trésors d'ingéniosité pour survivre sur un bout de terre qui ne rapporte rien et n'intéresse enfin plus personne, et pour y maintenir leur civilisation et leurs traditions matriarcales. Que leur méfiance envers les mâles est née de multiples trahisons à travers les âges. Et qu'un peuple obligé de sacrifier la moitié de sa population pour survivre est un peuple profondément désespéré !

13

Tandis qu'Émeline retrouvait Arkos près de la frontière des amazones, le comte Zaberhof, vassal et affidé du duc d'Orsmund, se présentait au palais royal en mission officielle et demandait à parler au roi de toute urgence. Une entrevue lui fut aussitôt accordée. Zaberhof demanda d'abord si la baronne de Malkland était bien rentrée dans ses foyers. Le roi acquiesça et le remercia pour sa sollicitude.

– Et, continua le comte, qu'est devenue l'escorte qui l'accompagnait ?

– Le trajet semble avoir été mouvementé, répondit le roi prudemment. Une partie de l'escorte seulement est arrivée jusqu'ici. Les soldats orsmundiens sont nos invités et se reposent des fatigues du voyage.

– Je suppose qu'ils sont arrivés avec leur officier ?

– Le général Arkos Guesserath ? Bien sûr !

– Il avait des lettres de créance le présentant comme ambassadeur officiel de notre duc.

Le roi hocha la tête :

– En effet. Nous l'avons traité avec tous les honneurs dus à sa fonction.

– Euh… puis-je le voir ?

– Eh bien, s'exclama le roi avec un parfait naturel, je pensais que c'est vous qui alliez me donner de ses nouvelles. Votre ambassadeur a quitté assez précipitamment mon palais pour rentrer dans le duché d'Orsmund.

– Cela fait combien de temps ?

– Huit jours environ. Vous avez dû vous croiser.

– Dans ce cas… qu'est ceci ? demanda le comte en déroulant une affiche.

C'était un avis de recherche réclamant la capture d'Arkos Guesserath « mort ou vif » !

– Eh bien… fit le roi, un peu embarrassé, le général Guesserath nous a faussé compagnie de façon assez… cavalière.

– C'est un ambassadeur ! s'offusqua Zaberhof. Comment pouvez-vous mettre sa tête à prix ? Suis-je en sécurité, ici ?

– Je vous en donne ma parole !

– Comme vous l'avez donnée à lui ?

– Écoutez, Zaberhof, mes services suspectaient Guesserath de vouloir attenter à ma vie.

– Vraiment ? Il fallait le renvoyer auprès du duc avec des protestations officielles.

– Le renvoyer ? Mais il s'est sauvé de... de sa résidence sans tambour ni trompette ! Nous avons pris cela pour une déclaration d'hostilité de sa part.

– Des amis nous ont informés de ce que l'état de santé du général était préoccupant. On prétend même qu'il a été empoisonné. Dans votre palais ! Pouvez-vous m'en dire plus ?

– Notre bon cousin le duc est toujours si bien informé ! En effet, le général a été empoisonné. Mes mages ont heureusement réussi à le tirer d'affaire.

– Je suis douloureusement surpris par cette histoire...

– Ne le soyez pas trop ! contre-attaqua le roi. Mes services soupçonnent fort le poison d'être venu de votre duché !

– J'espère que vous avez des preuves de ce que vous avancez !

– *Simul Magistro*, intervint le Mage-Conseiller Daganus qui assistait à l'entretien, vous connaissez ?

Zaberhof secoua la tête :

– Jamais entendu parler !

– C'est un enchantement puissant que seule la grande sorcière Saraoth connaît encore. C'est ce philtre qui a servi à empoisonner Arkos.

Le comte éclata de rire :

– Vous accusez Saraoth d'avoir empoisonné Guesserath ? Ça ne tient pas debout ! Cela reviendrait à soupçonner mon duc d'avoir empoisonné son propre général en chef, son homme de confiance, son conseiller personnel en matière d'armée ! En votre honneur, Mordred a confié à son meilleur officier le commandement de l'escorte chargée de ramener votre pupille en son foyer.

– Tout à fait franchement, Zaberhof, que faisait Émeline dans le duché ? demanda le roi en se penchant familièrement vers le comte.

– Le lui avez-vous demandé ? répondit le comte.

– Il me semble avoir compris qu'elle avait été enlevée.

– Vous me surprenez, rétorqua l'émissaire. Quelle importance stratégique avait cette demoiselle pour mériter pareil traitement ?

– Peut-être l'a-t-on prise pour une autre. Une fille de roi par exemple…

– Vous parlez par charades. Je n'entends rien à ce que vous dites. En revanche, je constate que notre ambassadeur a disparu après avoir été empoisonné, qu'il est recherché par votre police « mort ou vif ». Mon seigneur le duc est très préoccupé, il craint que son plus fidèle serviteur ne soit déjà mort. Sans doute, pour calmer ses inquiétudes, pourrez-vous me communiquer quelque bonne nouvelle de son futur mariage avec votre chère fille ?

Jabert Ier soupira :

– Nous y voilà !

– Je suis là pour conclure. Je pourrais même dire que je suis porteur d'une sorte… hum… d'ultimatum.

– Un ultimatum ? répéta le roi en fronçant le sourcil.

– Vous me rendez Guesserath vivant ou vous me remettez la princesse Alaïs. Sinon…

– Sinon ?

– Mon duc considérera ces deux refus comme une déclaration d'hostilité délibérée de la part de son suzerain et ne se sentira plus tenu par ses devoirs de loyauté à son égard ! Mordred vous donne trois jours pour accéder à ses prières. Sur ce, je vous prie de bien vouloir m'autoriser à me retirer.

La déclaration du comte Zaberhof laissa le roi furieux et embarrassé. Il convoqua aussitôt son Conseil des ministres, fit part à tous de sa conversation avec l'émissaire d'Orsmund.

– Nous y sommes ! triompha Dakoïne, la ministre de la Guerre. Mordred n'attendait qu'un prétexte pour nous déclarer la guerre. Nous avons tardé à le lui fournir, alors il l'a provoqué !

La princesse Alaïs, pour une fois, était présente, puisque l'affaire la concernait au premier chef. Elle se leva :

– En tout cas, dit-elle aigrement, ultimatum ou non, il est hors de question que je me sacrifie, père !

– Ce ne sera pas nécessaire. Chacun sait qu'à travers vous, c'est ma couronne que vise le duc. Si je lui donne votre main, il trouvera ensuite un prétexte pour me chasser du trône et imposer sa volonté à tout le royaume.

– Tergiversez encore, suggéra Wrizz Pagoth, le ministre des Finances. Ça vous a bien réussi jusqu'ici.

– Il n'est plus temps, jeta la ministre de la Guerre avec mépris. Mes informateurs m'ont signalé des mouvements de troupes aux frontières du duché. Mordred prépare la guerre, rien ne pourra plus l'en empêcher.

– Mettons en état d'alerte notre ban et notre arrière-ban, décida Jabert Ier. Quelles sont nos forces ? Et quels sont nos fidèles ?

Il savait tout cela par cœur, bien entendu : ça l'avait assez souvent empêché de dormir. Mordred pouvait compter sur l'alliance ou la bienveillance de sept grands fiefs qu'il avait gagnés à sa cause. Lui, Jabert, gardait la fidélité de cinq vassaux seulement, et pas parmi les plus puissants. Il restait quatre pairs du royaume qui n'arrivaient pas à se décider. Et, tout autour du pays, d'autres royaumes, principautés ou empires, attendaient de voir comment tournerait le vent, de savoir qui, du roi ou de son puissant vassal, l'emporterait dans cette guerre fratricide afin de réorienter leurs alliances en fonction de leurs intérêts. Jabert Ier regretta plus que jamais le départ de sa fille, Émeline, bien sûr – l'autre, la vraie, la légitime, ne pouvait lui être d'aucune utilité ! Émeline eût été capable, elle, d'accepter le mariage avec le duc pour le faire tourner à son avantage. Jabert soupira : quelle stupidité que cette tradition qui répudiait la bâtardise ! Émeline eût été mille fois plus apte à le seconder puis à lui succéder que cette écervelée d'Alaïs qui ne songeait qu'à ses robes et à ses parfums. Seulement, un roi peut changer la loi, mais pas la tradition.

14

Pendant ce temps-là, Émeline, Arkos et Simone étaient arrivés en vue de la frontière des amazones, matérialisée par une rangée de poteaux noueux surmontés de crânes humains. Un avertissement sans frais était écrit en lettres rouge sang sur un écriteau :

« Mâle étranger, si tu passes, tu trépasses ! »

Cela avait au moins le mérite de la clarté !

– Tout bien réfléchi, annonça Guesserath à Émeline, j'y vais seul.

– Pardon ? s'exclama la jeune femme.

– Tu m'as bien entendu. Ce qui nous attend de l'autre côté de cette frontière, je l'ignore, mais il est inutile que tu l'endures avec moi. Je ne parle même pas des mœurs locales : là, je te l'accorde, tu peux t'en sortir mieux que moi. Mais le désert des amazones est un territoire inhospitalier sans eau, sans nourriture, semé de pièges naturels et terre d'élection des démons. Je ne veux pas de ça pour toi.

– C'est un peu tard, mon vieux ! J'ai tout quitté pour te suivre. Je suis une fugitive comme toi.

– Tu connais ma destination, n'est-ce pas ? Tu veux retourner à Orsmund ? Faire allégeance à mon duc ?

Émeline baissa la tête. C'est vrai que Mordred ne l'inspirait guère !

– Le mieux que tu aies à faire est de rentrer au palais royal et de demander pardon à ton roi. Je suis sûr qu'il te l'accordera. Tu ne peux pas venir avec moi.

Sans qu'on lui ait rien demandé, la vieille renchérit :

– Ça, c'est bien vrai ! Il a raison !

Et elle se mit à énumérer tous les dangers, naturels ou non, qui guettaient les voyageurs de l'autre côté des funèbres poteaux.

– Je ne suis pas sûr de pouvoir franchir seul tous ces obstacles, coupa Guesserath, mais avec toi, je n'aurais aucune chance.

– Merci ! s'écria Émeline, vexée. Tu me prends pour une mauviette, pour une princesse qu'il faut sauver du dragon ?

– Il ne s'agit pas de ça, dit Arkos. Il y a seulement que je ne supporterais pas de te voir mourir de soif devant moi.

– D'accord, d'accord ! Môssieur pense s'en sortir plus aisément sans moi ! Je serais une charge pour Môssieur. Môssieur est très fort et ne peut s'embarrasser de la présence d'une faible femme ! Eh bien vas-y, espèce de macho ! Passe ! Tu avais une chance avec moi. Sans moi, tu n'en as aucune ! Les amazones te surveillent déjà. Elles s'attacheront à tes pas et ne te quitteront plus des yeux jusqu'à ce que tu tombes dans un de leurs pièges. Alors, elles te cueilleront, t'emmèneront dans leur camp pour te soumettre à l'esclavage, à moins qu'elles ne se contentent de te tuer après d'atroces tortures, juste pour s'amuser ! Allez, va-t'en, pauvre type !

Et elle tourna les talons.

– Émeline, écoute… commença-t-il, embarrassé. Oh, et puis zut !

Passant outre les poteaux, il s'enfonça dans le territoire des amazones sans un regard en arrière.

C'est aussi sans se retourner qu'Émeline allait d'un bon pas dans la direction opposée. Au bout d'un moment, elle fit halte et s'aperçut que Simone l'avait suivie. Comme elle n'avait plus qu'elle sous la main pour se passer les nerfs, elle s'en prit à la vieille :

– Et toi, qu'est-ce que tu as à me suivre comme un toutou ? Tu me lâches, oui ? Tu n'es pas ma nourrice, que je sache ! Alors, on se sépare ici. Ouste, du balai !

– Hou là ! s'exclama Simone de sa voix suraiguë, si j'étais une fée déguisée en vieille femme, je t'assaisonnerais d'un de ces sorts dont tu te souviendrais, ma belle ! C'est quand même pas ma faute si ton jules t'a plaquée ! Je te laisse à ta mauvaise humeur. Mais tu me regretteras, va !

– C'est ça, fiche le camp !

La vieille s'en alla, vexée. Dès qu'elle fut hors de vue, Émeline fit demi-tour en direction du territoire des amazones.

Il ne fallut pas longtemps pour que s'accomplissent les malheurs prédits par la jeune fille. Arkos marcha toute une journée dans le désert, pour se rendre compte vers le soir qu'il avait tourné en rond et était revenu à son point de départ. Il examina d'un œil critique la boussole qu'il avait volée à Émeline, suspecta quelque sortilège et s'installa du mieux qu'il pût pour dormir, n'osa allumer un feu, eut donc très froid parce que le désert, brûlant pendant la journée, était glacial la nuit, et quand il voulut taper dans ses provisions, il s'aperçut qu'elles grouillaient de vermine. Mais Guesserath était un soldat habitué aux pires conditions. Il haussa les épaules, ferma les yeux et s'endormit aussitôt.

Quand il rouvrit les paupières au matin, il se trouva face à une rangée compacte d'épieux acérés brandis par de robustes mégères au corps peint de motifs barbares et animées d'intentions belliqueuses. Il se leva lentement et les suivit avec docilité. Il comparut devant un conseil de femmes sages qui le dévisagèrent avec sévérité :

– Ne sais-tu pas que la présence de mâles étrangers est interdite par ici ?

– Je sais cela, augustes matrones, mais je suis un fugitif recherché par la police du roi Jabert Ier. J'implore votre clémence et demande l'asile politique.

– Qu'as-tu fait pour provoquer l'ire du roi ? Es-tu voleur, coupe-jarret, trancheur de bourse, trancheur de tête, ivrogne, assassin, escroc, tire-laine ? Enfin, as-tu donc une quelconque utilité ?

– Je ne suis pas un très bon voleur, mais on peut me classer sans peine dans la catégorie des assassins.

– Si tu tues des hommes, c'est un bon point pour toi !

– N'es-tu pas déjà venu sur nos terres ? demanda la doyenne assise au premier rang de l'assemblée.

Guesserath nia.

– C'est drôle, pourtant, tu me rappelles quelqu'un… D'où tires-tu origine ?

– Du royaume, s'empressa-t-il d'affirmer.

– Assassin, dis-tu ? répéta la très vieille en plissant des yeux pour mieux accommoder. N'aurais-tu pas déjà travaillé pour nous ?

– Non, auguste vieillarde, mais je ne demande pas mieux.

– Très bien, conclut la présidente de l'assemblée. Nous allons te remettre en prison. Nos concitoyennes défileront devant tes barreaux. Si aucune d'entre elles ne reconnaît avoir eu à se plaindre de toi et si l'une de nos sœurs est prête à te prendre en charge, nous réexaminerons ta demande d'asile.

Toute la journée, la tribu entière des amazones défila devant la cage d'Arkos. Jeunes ou moins jeunes, elles l'examinaient, seules ou en groupe, échangeaient leurs impressions à haute voix. Des propos flatteurs, des exclamations égrillardes trahissaient leur attrait pour ce beau mâle. Le général n'aurait sans doute aucune difficulté à en trouver une qui le prenne à son service. Et puis… il la reconnut tout de suite quand elle passa devant les barreaux. Il détourna le visage. Trop tard, elle l'avait déjà vu : c'était une ancienne mercenaire de l'armée d'Orsmund, elle avait travaillé sous ses ordres. Elle n'avait rien de spécial à lui reprocher, mais elle connaissait son identité :

– C'est le général Arkos Guesserath, déclara-t-elle. Le général en chef des armées d'Orsmund.

Des exclamations fusèrent. Toutes connaissaient Guesserath de réputation. On s'empressa d'en informer les conseillères.

Le soir venu, Arkos fut à nouveau traîné devant le grand conseil en séance plénière. Un public nombreux était assis dans les gradins. Le sort du prisonnier allait se décider. Il n'existait qu'une alternative: c'était l'esclavage dans des conditions plus ou moins douces... ou la mort!

– Reconnaissez-vous être Arkos Guesserath, général en chef de Mordred d'Orsmund? interrogea la présidente de séance.

– Oui, avoua Arkos.

Nier n'eut servi à rien.

– Aucune de nos sœurs n'a, semble-t-il, quoi que ce soit à vous reprocher, continua la présidente avec une certaine déférence, et beaucoup souhaitent se porter garantes de vous. Mais pourquoi diantre ne pas nous avoir dit la vérité sur votre compte? Que faites-vous ici, si loin de votre duché?

– Un malheureux concours de circonstances, une mission qui a mal tourné.

– Nous n'avons rien ni pour ni contre Mordred, rien non plus ni pour ni contre le roi Jabert Ier. Nous ne nous mêlons pas de leur querelle. Nous les considérons simplement comme des envahisseurs potentiels. Qu'étiez-vous censé faire chez Jabert Ier ?

Arkos garda le silence.

– Assassiner le roi ? clama soudain la doyenne, debout au premier rang. Comme jadis vous avez assassiné notre première conseillère Leïla ?

Un brouhaha indescriptible s'ensuivit. La présidente de session eut toutes les peines du monde à rétablir le silence.

– Parlez, vénérable Narsouzameth ! Vous mettez gravement en cause le prisonnier !

– Je savais bien que son visage me disait quelque chose ! triompha la vieille. Il y a seize ans, un jeune soldat orsmundien fut capturé sur nos terres. Sa beauté et sa jeunesse émurent l'une de nos sœurs, la première conseillère Leïla, qui décida de le prendre à son service. Or, une nuit, ce petit serpent massacra

Leïla et ses deux filles avant de disparaître. Cet assassin n'avait pas encore de nom, à l'époque. Mais c'est lui, je le reconnais !

Le brouhaha reprit, ponctué de cris de haine et d'appels à la vengeance. Le destin de Guesserath était scellé !

– Silence ! cria la présidente. Silence ou je vous fais toutes évacuer ! Puisque nous avons sous la main le meurtrier de notre sœur, il va pouvoir nous expliquer les raisons de son geste. Parle, vermine !

– Il n'y a rien à expliquer, fit Arkos en haussant les épaules. J'en avais reçu l'ordre, c'est tout.

– Du duc Mordred, n'est-ce pas ? Mais pourquoi diantre Mordred t'a-t-il donné l'ordre d'éliminer Leïla et sa famille ?

Arkos garda le silence. Qu'il parle ou qu'il se taise ne changerait rien à son sort. Alors, autant ne pas mettre en cause son suzerain.

– Parce que Leïla était la maîtresse du roi Jabert Ier ! intervint une voix dans le public. Et qu'elle en avait eu un enfant. Un héritier potentiel dont Mordred ne voulait point. C'est pourquoi il a fait éliminer la maîtresse et sa progéniture.

Une femme s'était levée. À la demande de la présidente, elle descendit les gradins et rejoignit le grand conseil. Arkos sursauta en reconnaissant Émeline. De son côté, elle évita de croiser son regard.

– Selon les lois du royaume, un enfant bâtard ne peut être appelé à régner ! objecta la présidente.

– Jabert n'était pas encore marié. Il aurait pu épouser Leïla et reconnaître l'enfant, dit Émeline.

– … si elle n'avait pas été une amazone, compléta Narsouzameth. Le scandale aurait été trop grand.

– Le roi était prêt à passer outre, expliqua la jeune fille.

– Pas Leïla. Elle savait qu'elle serait en butte au mépris et à l'hostilité de ses sujets. C'est pour ça qu'elle est partie. Mais qui es-tu pour connaître cette vieille histoire ? demanda la doyenne.

– L'assassin a mal fait son travail. Se sentant menacée, Leïla avait confié sa dernière-née à la garde d'amies sûres. C'est ainsi qu'elle échappa au massacre. Et cette enfant… c'est moi !

Elle se tourna vers Guesserath et lui dit abruptement :

– Je savais que Mordred avait commandité ce crime, mais j'ignorais le nom de l'assassin. Je suppose que si tu avais connu mes origines, tu aurais achevé le boulot, n'est-ce pas ?

– Mais non ! se défendit le général avec une sincérité désarmante. Tu n'as plus aucun droit à la succession depuis la naissance de ta sœur légitime. Et Mordred préfère à présent épouser l'héritière plutôt que de la faire assassiner.

Les amazones n'étaient pas très regardantes en matière d'éthique. Elles connaissaient et comprenaient les dessous les plus abjects de la politique. Les activités d'Arkos n'étaient donc pas pour les émouvoir. Ce n'était pas l'acte en soi qu'elles réprouvaient, mais simplement le fait qu'on se soit attaqué à l'une de leurs sœurs.

– Bon, conclut la présidente, résumant le sentiment commun, puisque nous avons devant nous la dernière fille survivante de Leïla, c'est à elle de décider du sort du meurtrier.

Tous les yeux se tournèrent vers Émeline. Elle-même dévisagea Arkos qui lui rendit son regard sans ciller :

– Nous savons tous les deux où se trouve ton devoir, déclara-t-il. Tu n'as pas à avoir d'hésitation.

– Je sais faire la différence entre la hache et celui qui en tient la cognée, finit-elle par déclarer. Guesserath, si j'épargne ta vie, m'aideras-tu à me venger de Mordred ?

– Tu sais bien que c'est impossible. Tue-moi plutôt !

– Tu es vraiment indécrottable ! gronda-t-elle rageusement.

Elle leva le bras. Toutes s'attendaient à ce qu'elle donne l'ordre d'exécution. Elle laissa pourtant retomber sa main.

– Je lui pardonne, déclara-t-elle avec lassitude. Je lui accorde la vie et lui rends sa liberté. Qu'il retourne chez son duc sous bonne escorte et que je n'en entende plus jamais parler !

Guesserath n'en crut pas ses oreilles, la plupart des femmes assemblées non plus.

– Tu es sûre que c'est ce que tu veux ? se fit confirmer la présidente.

Émeline tournait déjà les talons :

– Oui ! Qu'il s'en aille ! Laissez-le filer.

Arkos, à peine libéré de ses liens, aurait voulu courir derrière Émeline, se jeter à ses pieds, l'assurer de sa gratitude et de son respect, mais elle avait déjà disparu dans la foule sans un regard en arrière.

Au terme d'un voyage sans incident majeur – excepté une attaque de dragon, une invasion de sauterelles de feu, une tornade et quelques bandits de grand chemin, toutes péripéties que les expertes guerrières qui composaient son escorte réglèrent sans coup férir – Arkos Guesserath était arrivé à la frontière du duché d'Orsmund.

– Ne reparais plus jamais sur notre territoire, lui signifièrent les amazones en lui rendant son épée. Pour cette fois, tu as eu de la chance, mais tu ne trouveras pas toujours l'une des nôtres aussi bien disposée à ton égard !

Il les regarda s'éloigner sans mot dire. Il ne s'était jamais senti aussi seul, aussi vide, aussi malheureux. Il n'avait aucune hâte de retrouver son maître, de reprendre sa vie de général en chef. En chemin, il avait appris que la guerre se préparait entre le royaume et le duché d'Orsmund. Mordred, qui avait prêté serment de fidélité au roi à la mort de son père, rompait donc son jurement pour attaquer son suzerain. Certes, Arkos savait ce que valait la loyauté du duc, cependant, cette rupture de vassalité le dérangeait. Bien qu'il ne fût pas noble, il avait été élevé dans les vieux principes de la chevalerie. Dracon, père de Mordred, pestait beaucoup contre son seigneur, n'hésitait pas à critiquer ses décisions et à exprimer publiquement son désaccord, mais jamais il n'aurait rompu les liens de fidélité. Jamais ! Même s'il tentait de se présenter en victime de son suzerain, Mordred était un félon. Guesserath servait un félon. Les mauvaises actions de son maître ne l'avaient guère dérangé jusqu'à présent. On ne lui avait pas appris à réfléchir aux actes qu'on lui faisait commettre. Mais sa rencontre avec Émeline avait tout changé. Pour la première fois, quelqu'un lui avait parlé de liberté de conscience, de choix de vie. Pour la première fois, quelqu'un lui avait parlé d'amour ! Qu'importe si, comme le prétendait Mordred, cette fille l'avait trompé ou lui avait menti, qu'importe si elle n'était qu'une amazone, une de ces femmes auxquelles il est impossible de se fier : jamais Arkos n'avait éprouvé un sentiment aussi doux ! Et puis, Émeline avait épargné sa vie. Se pouvait-il que ce fût de la part de cette fille une preuve d'amour ?

Enveloppé dans sa cape couleur de nuit, incapable de trouver le sommeil, le général Guesserath repassait les événements de ces dernières semaines dans son esprit. Son regard se perdit dans les myriades d'étoiles au-dessus de lui. Émeline ! La perspective de ne plus la voir lui causait une douleur lancinante dans la poitrine. Perdu dans ses pensées et dans ses souvenirs, il ne vit pas une forme se glisser près de lui. Il sursauta quand une voix criarde coassa à ses oreilles :

– Fait pas bien chaud, ici ! Pourquoi, noble voyageur, n'allumes-tu pas de feu ?

Arkos sursauta et dégaina à demi son épée avant de reconnaître Simone :

– Que fais-tu ici, la vieille ? s'étonna-t-il.

Elle expliqua que, n'étant pas recherchée par la police du royaume, elle avait pu suivre un itinéraire tranquille et, en dépit de ses mauvaises jambes, arriver ici avant lui.

– Mais pourquoi précisément ici? s'exclama-t-il d'un ton soupçonneux.

– Je pourrais te demander la même chose! répliqua vertement la vieille. Ce que j'ai à faire dans le duché ne te regarde pas! Mais je ne suis pas grossière au point de trouver suspect que tu sois ici en même temps que moi. Bon, ceci dit, on l'allume, ce feu? Fait pas chaud, hein?

La vieille s'affaira. Le général la regarda d'un air pensif. Il soupçonnait que leur rencontre n'était pas le fruit du hasard, mais ne comprenait pas ce que cette femme venait faire dans son histoire.

– Qui es-tu et d'où viens-tu? demanda-t-il quand elle eut allumé le feu.

Elle sortit des saucisses et des racines d'un grand cabas et les fit griller au feu de bois.

– T'as faim? s'enquit-elle.

Arkos saisit son épée et la colla sous la gorge de la vieille:

– Je t'ai posé deux questions! gronda-t-il. D'abord, tu réponds!

– On peut faire ça en mangeant, non ? riposta-t-elle.

Elle dit qu'elle n'était qu'une simple vieille amazone sans domicile fixe et qu'elle se promenait au mieux de ses intérêts.

– Et ils te conduisent à Orsmund, tes intérêts ? questionna Guesserath.

– Va y avoir la guerre, frissonna la femme. Je préfère être dans le camp des vainqueurs.

– Tu as donc grande confiance en l'armée du duc d'Orsmund ?

– J'ai confiance en toi, Arkos Guesserath, leur général en chef !

– La flatterie, à présent !

– Non, tu es le plus fort. C'est simplement dommage pour tout le monde que tu travailles pour le duc.

Arkos garda le silence. N'était-ce pas Émeline, la première, qui avait dit cela ?

– Tiens, bougonna Simone en lui tendant une saucisse grillée et un navet cuit à point, mange pendant que c'est chaud. Et accorde ta protection à une pauvre vieille, noble Arkos.

En dépit de son âge, Simone marchait d'un bon pas. Arkos l'avait bien avertie : protection ou pas, si elle le gênait dans son voyage, il l'abandonnerait sans pitié. Au bout de la première matinée, ils rencontrèrent une division de l'armée orsmundienne. Arkos se fit reconnaître. On l'acclama. Un officier lui apprit qu'on avait annoncé sa mort et que la guerre se préparait pour le venger. Guesserath ne fit aucun commentaire. Il demanda juste un cheval et une escorte pour gagner le palais ducal.

– Ne me laisse pas là ! supplia Simone. Je veux aller au palais avec toi.

– Pourquoi m'embarrasserais-je de toi ? grommela-t-il.

– Parce que parfois les pauvres vieilles qui cheminent sur la route cachent de bonnes fées ! C'est la deuxième fois que nos chemins se croisent. N'y vois-tu pas un signe du destin ?

Arkos se mit à rire.

– Je pourrais t'être utile, fit la vieille avec sérieux.

– Je ne vois pas trop à quoi, sinon à m'amuser.

– C'est déjà ça, seigneur. Y a-t-il beaucoup de gens qui vous fassent rire ?

– Allez, un cheval pour la vieille ! commanda Guesserath, beau joueur. Elle nous suit.

C'est en cet équipage qu'Arkos parvint au palais du duc. Mordred reçut son général avec de grandes démonstrations d'affection et un soulagement théâtral.

– J'avais peur que tu ne loupes cette guerre, mon bon Arkos. Qu'aurais-je fait sans toi, entouré d'officiers incapables et de serviteurs fourbes ? Te revoilà, j'en suis fort aise, même si tu n'as pas rempli ton contrat.

– Mon contrat ? J'ai ramené la baronne de Malkland saine et sauve au palais du roi.

– Je t'avais demandé de préparer mon accession au trône !

– Il me semble que j'y suis on ne peut mieux parvenu !

– Que veux-tu dire ?

– Je vous ai fourni le prétexte que vous attendiez pour déclarer la guerre. Vous savez que nos armées sont les plus fortes. Je vous mènerai à la victoire.

– Je n'en doute pas une seule seconde ! Trinquons ! Échansons, servez à boire à mon plus fidèle général !

Des serviteurs s'empressèrent. Arkos eut un mouvement de recul devant les verres tendus.

– Eh bien, Arkos, que crains-tu ? s'étonna Mordred.

– La dernière potion qu'on m'a servie était empoisonnée, grommela Guesserath.

Mordred claqua des doigts.

– Une potion servie par celui-là, peut-être ?

Un soldat ôta la serviette qui recouvrait un plateau. Les assistants reculèrent avec des exclamations d'effroi : une tête coupée aux yeux révulsés était posée sur ce plateau ! Arkos reconnut Sapo.

– Ainsi punissons-nous les traîtres, déclama le duc avec un geste théâtral.

– Merci, dit Arkos. D'aucuns avaient tenté de me faire croire que vous étiez derrière cet attentat.

– Nous sommes entourés de coquins et de canailles, émit le duc d'un ton sentencieux.

Le général jeta un coup d'œil du côté de Saraoth mais, comme d'habitude, l'expression de la sorcière était impénétrable.

La réapparition de son général n'avait pas suffi à Mordred pour qu'il arrête ses préparatifs de guerre. Au contraire, il les accéléra. Arkos trouva dans l'action un puissant dérivatif à ses pensées moroses. Il espéra qu'en tant qu'amazone, Émeline aurait la sagesse de rester au sein de son peuple maternel et en dehors de la mêlée. Cet espoir le rasséréna un peu. Il aurait détesté retrouver la jeune fille sur le champ de bataille dans le camp opposé. Par ailleurs, il n'avait pas revu la vieille Simone depuis leur arrivée au palais. Il supposa qu'elle avait trouvé un petit boulot peinard aux cuisines et il n'y pensa plus.

15

Dernière nuit de paix dans le royaume du roi Jabert. Demain dès l'aube, le duc Mordred déchaînerait ses hordes. Chacun savait à quoi s'attendre : massacres, pillages, incendies, désolation – les troupes orsmundiennes ne faisaient pas de quartiers ! Autant dire que, dans tous les camps, personne ne dormit beaucoup, cette nuit-là.

Justement, une ombre noire se glissait dans les couloirs sombres et montait par les escaliers dérobés. Saraoth ! Elle gratta à la porte de son maître. Elle savait qu'il veillait tard avec son état-major pour fignoler les derniers détails. Mais ce qu'elle avait à lui dire ne souffrait aucun délai.

– Entrez ! gronda Mordred avec impatience.

Qui osait le déranger à cette heure et à pareil moment ? Seule Saraoth pouvait se le permettre, elle seule pouvait déclarer d'une voix sans réplique :

– Congédie tes hommes un moment, mon seigneur, je dois te parler immédiatement !

Elle seule pouvait obtenir qu'il s'exécutât, ce qu'il fit en grommelant :

– Si tu me fais perdre mon temps, la vieille, je t'arrache ta langue fourchue de vipère !

– T'ai-je jamais fait perdre ton temps, mon enfant ?

Elle jeta en passant un long regard glacé au général Guesserath.

– Bon, qu'as-tu à me dire de si urgent ? As-tu vu l'issue des batailles ? Les autres mages prévoient des victoires éclatantes et mon triomphe assuré.

– C'est qu'ils voient l'apparence des choses et évaluent les probabilités. Tu sais que mes pressentiments sont plus profonds et plus redoutables, qu'ils ne me trompent jamais. J'ai eu encore cette vision, tout à l'heure. Je t'ai vu à terre tout sanglant et j'ai vu Gues-serath qui tenait l'épée.

– Tu me fatigues, la vieille ! Arkos est revenu vers moi alors même qu'il aurait pu croire que nous l'avions empoisonné. Je l'ai vu à l'œuvre, il n'a jamais aussi bien bossé. J'ai fait sonder son esprit par mes meilleurs lecteurs de pensée, ils n'ont vu en lui qu'une fidélité à toute épreuve et une obéissance absolue à mon autorité. De plus, rappelle-toi : dans notre jeunesse, nous avons échangé nos sangs en lui faisant croire que s'il me trahissait, il mourrait.

Saraoth secoua la tête :

– Il est acheté. Je ne sais comment cette maudite Émeline s'y est prise, mais elle l'a retourné en faveur du roi. Il n'attend que l'occasion propice pour te trahir. Regarde !

Elle entraîna le duc vers la fenêtre :

– Regarde la lune ! Cette nuit, c'est l'éclipse. Signe de grands changements, de bouleversements cosmiques...

– C'est bien justement pourquoi j'attaque, vieille peau ! Mes mages prétendent que c'est le bon moment pour provoquer l'effroi et le chaos.

– L'effroi et le chaos, je les vois dans ce palais !

– Écoute, la vieille, s'il n'y a que tes visions…

– Non ! Si tu ne veux pas me croire, libre à toi ! Mais il y a autre chose. J'ai dû remplacer Sapo qui nous avait trop bien servis. J'ai sacrifié mon meilleur serviteur, il m'en fallait un autre. J'en ai trouvé un, ou plutôt une. Une vieille mendiante de passage qui a un don exceptionnel pour les potions et les poisons. Cette femme a voyagé sous la protection de Guesserath. Elle est formelle : la complicité entre Arkos et Émeline ne fait aucun doute. Or Émeline, comme chacun sait, est la confidente particulière du roi.

– Avec la guerre qui se prépare, ce ne serait pas très habile de ma part de me débarrasser de mon meilleur officier ! On pourrait peut-être attendre la victoire…

– Tu n'en auras pas le temps ! Mon duc, mon seigneur, mon prince, je t'en conjure ! Guesserath va attenter à ta vie ! Je le sais, je le sens, je le vois. Si tu conserves ce serpent près de toi, tu es condamné !

Mordred garda un moment le silence, ébranlé.

– Que me conseilles-tu de faire ? demanda-t-il enfin.

– Débarrasse-t'en, par le poignard ou le poison, qu'importe, mais débarrasse-t'en.

– Nous avons déjà essayé le poison et ça n'a pas marché. Quant au poignard... difficile de trouver un sicaire assez habile pour surprendre Arkos et assez courageux pour s'attaquer à l'homme le plus fort de mon duché !

– Et tes soldats ?

– C'est lui, leur général en chef ! Il est très populaire au sein des troupes. Je ne suis pas sûr d'être obéi si je leur donne l'ordre d'exécuter leur officier.

– Laisse-moi me charger du poison, mon seigneur. Cette fois, je vais doubler la dose, il ne peut pas en réchapper.

– *Simul Magistro*, encore ?

– Quel autre prétexte avons-nous de lui faire boire quelque chose ?

– Il se méfiera...

– Il t'obéira !

– Très bien, prépare la potion.

– C’est déjà fait, mon seigneur ! grimaça la sorcière en extirpant une fiole d’une de ses poches.

Mordred rappela ses officiers :

– Messieurs, tout est consommé ! Demain, nous attaquerons. Allez prendre quelque repos en attendant. Toi, Guesserath, je veux te parler en particulier.

Les autres s’inclinèrent et sortirent tandis qu’Arkos restait seul avec son seigneur.

– La petite formalité que tu connais, mon bon, dit Mordred en tendant la fiole.

– Ah non ! s’exclama Arkos, excédé. Pas encore *Simul Magistro* !

– Voyons, j’ai besoin de voir et d’entendre tout ce qui va se passer sur le champ de bataille !

– La dernière fois que j’en ai bu, j’ai failli passer l’arme à gauche !

– Sapo était un traître acheté par le roi. Cette potion-ci émane directement de Saraoth.

– Me voilà rassuré ! Pourquoi ne faites-vous pas avaler ça à mon aide de camp ? Il verra et entendra les mêmes choses que moi !

– Ce n'est pas possible, mon petit Arkos.

– Pourquoi ? Parce que vous n'êtes pas du même sang ?

Mordred haussa un sourcil :

– Que veux-tu dire ?

– Vous êtes mon demi-frère, n'est-ce pas ?

– Tiens donc ? Qui t'a appris ?

– J'ai deviné.

– Eh bien, bois donc ! Je suis ton frère et tu m'es utile, tu n'as rien à craindre de ma part.

Arkos saisit le flacon et le vida jusqu'à la lie. Un froid mortel se répandit dans ses veines tandis que la douleur familière le pliait en deux :

– Pourquoi… voulez-vous… ma mort ? râla-t-il avant de perdre l'usage de la parole. Je ne vous ai jamais trahi !

Et il s'effondra sur le sol, tétanisé.

– Avant que tu ne crèves, je vais te dire pourquoi, imbécile ! grinça Mordred. Je t'ai toujours détesté ! Tu ressembles trop à ce que j'aurais voulu être, au fils parfait que mon père désirait. Je t'ai haï du jour où Dracon a déclaré devant moi à ses hommes qu'il regrettait que tu ne fusses pas son fils légitime. J'ai failli t'étrangler de mes mains, ce soir-là ! Et puis j'ai préféré faire empoisonner notre père. J'avais trop peur que ce vieux débris ne trouve le moyen de me déshériter à ton profit. Saraoth m'a aidé. Voilà, la boucle est bouclée : j'ai empoisonné mon père et mes deux premières femmes, à présent j'empoisonne mon frère, demain j'empoisonnerai le roi et ma nouvelle épouse Alaïs, et je resterai seul maître du royaume tout entier !

Il éclata d'un rire dément.

Contrairement à la dernière fois, Arkos n'avait pas perdu connaissance, même si ses membres ne lui obéissaient plus. Il vit dans une sorte de brouillard deux serviteurs s'approcher de lui et l'envelopper dans un linceul, il entendit le duc ordonner qu'on jette son cadavre aux porcs, il sentit qu'on le transportait, perçut l'odeur de moisi des lieux souterrains et crut qu'on l'emmenait chez Saraoth. Là, il eut vraiment peur. Que le duc prît sa vie, c'était dans l'ordre des choses, Arkos y tenait si peu, à cette existence-là ! Mais que Saraoth pratiquât sur lui une de ses abominables expériences, qu'elle le réduisît à l'état de légume, de monstre, de mort vivant, c'était plus qu'il n'en pouvait supporter ! Il tenta de hurler, de se débattre, mais ni sa voix ni ses membres ne répondirent à ses ordres désespérés. Résigné, il se laissa aller, appelant de tous ses vœux une mort prompte et miséricordieuse.

Quand on eut ôté le drap qui lui couvrait la tête, que les serviteurs se furent éloignés et que ses yeux restés ouverts se furent habitués à l'obscurité, Guesserath distingua dans l'ombre deux prunelles hostiles qui l'observaient.

– Coupé en petits morceaux, tu seras plus facile à transporter ! Les serviteurs sont allés chercher une scie et des sacs, ils ne vont pas tarder à revenir.

La voix reprit après un silence :

– Quant à nous, il nous faut attendre que se dissipent les effets du poison inoffensif que je t'ai fait administrer.

Un visage se pencha sur lui, et Arkos eut la surprise de reconnaître Simone.

– Alors, pas fâché de m'avoir porté secours, espèce de grand escogriffe ? Tu vois qu'un bienfait n'est jamais perdu quand on a affaire à une vieille fée en guenilles. C'est moi, le nouvau gâte-sauce de Saraoth. Heureusement que j'ai pu rajouter quelques ingrédients à ma façon dans la soupe que la sorcière t'a fait servir, sinon, nous ne serions pas là à bavarder gentiment. Non que j'éprouve pour toi une tendresse débordante : ça fait deux fois que je te sauve contre mon gré…

– Deux… fois ? s'étonna Guesserath qui retrouvait peu à peu l'usage de la parole.

– Ferme-la, coupa Simone. Ne te fie pas aux apparences. Je t'aurais volontiers laissé crever, tout protecteur de vieille que tu sois, mais j'ai encore besoin de tes gros muscles et de ta dextérité à l'épée. Es-tu enfin convaincu que ton duc d'enfer veut t'éliminer ?

Arkos, qui commençait à récupérer l'usage de son corps, opina du chef avec difficulté.

– Es-tu prêt à lutter contre lui ?

Le général haussa une épaule, l'autre ne répondant toujours pas.

– À quoi bon me battre ? Si mon seigneur a décidé de se débarrasser de moi…

– Tu lui donnes raison ? s'indigna Simone.

– Non ! Je ne me sens plus aucun lien de fidélité à son égard, d'autant qu'il a assassiné notre père Dracon…

– Votre père Dracon ? Quoi ? Tu es un fils de Dracon ? s'étrangla la vieille.

– Un fils bâtard, avoua Guesserath. Je n'ai plus de raison de me battre. Je n'ai même plus de raison d'exister : j'ai perdu la seule femme que j'aie jamais aimée…

– Émeline ? Eh bien tu vas la perdre définitivement si tu ne te remues pas ! criailla Simone.

– Hein ? Que veux-tu dire ?

– Elle est ici ! Émeline est ici ! Elle voulait venger l'assassinat de sa mère et éviter une guerre au royaume de son père. N'ayant réussi à convaincre ni les amazones ni toi de l'aider, elle s'imaginait pouvoir venir à bout de Mordred toute seule, cette idiote ! Elle s'est introduite secrètement au palais, cette nuit, mais les gardes du duc l'ont surprise. Elle a subi un interrogatoire musclé et comparaît en ce moment même devant le duc. Bon, tu m'aides ou faut que je me débrouille ?

Arkos avait enfin retrouvé le plein usage de ses membres. Il bondit à la gorge de Simone :

– Toi, tu vas me dire une bonne fois qui tu es vraiment ou je t'étrangle !

Sous la pression de ses doigts, les traits de la vieille femme s'altérèrent et Arkos reconnut...

– Beewood, oui ! gargouilla le mage en se massant la gorge. Sympa, mon déguisement ! Poudre de transformation... Qui se méfie d'une inoffensive vieillarde ? Je suis passé partout sans encombre. Quand j'ai vu Émeline quitter la capitale, j'ai su qu'elle courait droit vers les ennuis : toi d'abord, les amazones ensuite et, pour finir, Mordred !

– Tu savais qu'Émeline était une amazone ?

– Amazone à demi seulement ! Oui, je le savais. Nous avons été élevés ensemble dans le même orphelinat. Le roi l'a sortie de là il y a deux ans pour l'installer à la cour. Elle m'en a fait sortir à mon tour. Arkos, il faut l'aider, vite ! Ou Mordred va la tuer !

Guesserath se dressa d'un bloc :

– Il me faut des armes !

Simone-Ben Beewood tira une épée de dessous sa robe et un poignard de son cabas. Arkos les lui arracha des mains et se mit à courir.

– Eh, attends-moi ! cria Beewood. Je n'ai plus mes jambes de vingt ans !

Ils croisèrent les deux serviteurs qui revenaient, lesquels furent proprement décalqués contre le mur sans que cela n'arrête Guesserath dans sa course. Le sort des gardes préposés devant la chambre ducale fut réglé en un clin d'œil et la porte massive s'ouvrit d'un coup d'épaule. De l'autre côté se tenait Mordred, assisté de Saraoth et de deux officiers. Émeline gisait à leurs pieds, la chevelure éparse et les vêtements déchirés. Arkos rugit et bondit sur Mordred. Les armes des officiers firent barrage entre sa cible et lui.

– Massacrez ce félon ! beugla le duc.

Et, se tournant vers Saraoth :

– T'as perdu la main, vieille carne ! Tes poisons ne lui font rien !

– Mes poisons peut-être pas, mais mes enchantements ? grinça-t-elle.

Tendant ses doigts crochus vers le général, elle psalmodia des incantations. Ben, resté en retrait, se précipita contre la sorcière et la culbuta. On vit deux vieilles femmes s'empoigner et se crêper le chignon en vociférant des malédictions.

Cependant, ça ferraillait ferme entre le général et les deux officiers, d'autant plus ferme que le duc avait promis aux deux autres la place du premier. C'était le moment de prouver à leur maître qu'ils la méritaient ! Profitant de la confusion générale, Mordred saisit Émeline par les cheveux et, la tirant plus morte que vive, l'entraîna vers une porte dérobée. Le temps qu'Arkos s'en aperçoive et parvienne à se débarrasser des deux furieux, Mordred et sa victime avaient disparu. Guesserath se rua contre le pan de mur par où il avait vu se volatiliser le duc, frappa, tempêta, donna de grands coups d'épée à en ébrécher la lame, sans résultat. À bout de souffle, il se retourna juste à temps pour voir Simone-Ben assommer la sorcière d'un coup de pot de chambre bien placé.

– Oui, je sais, s'excusa le mage, ça manque d'élégance, mais cette « pauvre vieille sans défense » n'aurait pas hésité à nous transformer en crapauds baveux !

– Je ne te reproche rien. Dis, tu n'aurais pas une suggestion pour ouvrir ce mur ? Il cache un passage secret qui mène aux souterrains.

– Je te ferai remarquer que c'est toi qui as grandi ici ! Tu ne t'es jamais amusé à explorer les passages secrets quand tu étais petit ?

– Il n'a jamais fait bon fréquenter les caves de ce château, dit Guesserath d'une voix sinistre. Entre les culs-de-basse-fosse, les oubliettes, les salles de torture et le laboratoire de Saraoth, ce n'était pas vraiment un terrain de jeux idéal !

– C'est drôle, j'aurais juré que tu étais le genre d'enfant à adorer ça !

– On ne m'a pas laissé le temps d'être un enfant.

– Mais… où sont donc Mordred et Émeline ? s'effara le mage en s'apercevant brusquement de leur disparition.

Le général soupira :

– Passés à travers ce mur, comme des fantômes ! Alors, t'as pas une idée ?

Ben Beewood tâtonna un moment à la recherche d'un mécanisme, d'une plinthe dans le mur, d'un indice quelconque, avant de se retourner vers Arkos, découragé.

Pendant ce temps, à quelques mètres en dessous d'eux, Mordred progressait toujours en traînant Émeline par les cheveux. Elle suivait sans résistance, telle une automate. Le traitement que lui avaient infligé les soldats avait dû être sévère pour la mettre dans un état pareil ! Le duc était désappointé : ça n'a rien de drôle de tourmenter une victime qui ne réagit pas ! Enfin, ça lui ferait toujours une monnaie d'échange si Arkos parvenait à le rattraper. Après avoir parcouru un long couloir suintant d'humidité, une torche dans une main, les boucles brunes de la jeune fille dans l'autre, il remontait des escaliers gluants tout en songeant aux supplices qu'il allait faire endurer à ses ennemis, quand il sentit des doigts s'enrouler autour de sa cheville. Émeline n'était pas si inconsciente que ça, finalement : elle tira la cheville d'un coup sec et Mordred dégringola. Il lâcha torche et cheveux pour se rattraper à ce qu'il put atteindre, mais débaroula jusqu'au bas des marches. La jeune fille récupéra la torche et puisa dans ses ultimes forces pour monter les derniers degrés. Elle s'engouffra dans un nouveau couloir, s'abattit contre une porte massive. Contre toute attente, le battant s'ouvrit. Émeline referma la porte, la coinça avec un escabeau de bois et se retourna, pantelante. La pièce empestait le soufre, le fond de chaudron cramé, la potion rance, et n'était éclairée que par le bois rougeoyant qui achevait de se consumer dans la cheminée. La jeune fille distingua pourtant des cages qui pendaient de la voûte et des créatures qui s'y agitaient, elle perçut leurs couinements aigus ou leurs feulements rauques, elle vit briller des cornues emplies d'un liquide en ébullition. Elle comprit aussitôt. Elle se trouvait dans l'antre de la sorcière, dans le laboratoire de Saraoth ! À bout de forces, elle s'évanouit.

Arkos agrippa rudement Ben Beewood par la manche de sa robe :

– Je connais un autre passage pour gagner les souterrains. Suis-moi, grouille !

L'un derrière l'autre, ils se précipitèrent dans la salle des gardes. Il ne faisait pas bon se trouver sur leur chemin, l'épée de Guesserath s'abattant sans discernement sur tout ce qui leur faisait obstacle. Dans la cheminée massive s'ouvrait un étroit passage à ceux qui en connaissaient le secret. Le général était de ceux-ci pour l'avoir bien souvent emprunté au service de Mordred. Par un escalier en colimaçon, les deux hommes s'enfoncèrent dans les entrailles de la forteresse. Beewood sortit sa pierre de lune pour éclairer leur progression, baignant le sinistre couloir d'une lumière bleuâtre. Tout en courant, Arkos tentait vainement d'imaginer l'endroit où le duc avait bien pu conduire sa prisonnière. Il s'arrêta soudain, dérouté.

– Tu sais où on va, bien sûr, essaya de se rassurer le mage.

– À dire vrai… je crois que nous sommes perdus.

Ben Beewood n'avait aucune peine à le croire, vu la quantité impressionnante de portes, d'escaliers montants ou descendants et de couloirs tortueux devant lesquels ils étaient passés. Un vrai labyrinthe !

– C'est pas vrai ! gémit-il. Tu cours comme un dératé sans même savoir où tu vas ?

Arkos ne répondit pas. Il avait senti un petit objet rond au fond de sa poche : la boussole d'Émeline. Il la sortit sans conviction : elle ne lui avait pas été d'un grand secours dans le désert des amazones !

– Approche ta pierre de lune, commanda-t-il.

Ben Beewood obéit… et sursauta en reconnaissant l'objet :

– C'est la boussole d'Émeline, ça, non ? s'exclama-t-il.

– Ouais, grogna le général, de mauvaise humeur, je la lui ai volée. Mais ça ne fonctionne pas, l'aiguille n'en fait qu'à sa tête, elle ne nous sert à rien !

Beewood la lui arracha des mains :

– C'est une boussole magique, triple buse ! Elle est ensorcelée pour mener à l'être aimé.

– À l'être aimé ? Mais qui… ? cria Arkos, avant de s'interrompre brusquement, interdit.

– T'as pas encore compris ? Alors tu es le dernier des imbéciles ! C'est à cause de toi si Émeline s'est mise dans le pétrin !

Guesserath reprit la boussole et la considéra, subitement ému.

– Que du muscle, grogna le mage, mais quand il s'agit de faire travailler la gélatine qui te sert vaguement de cerveau, y a plus rien ! Si ça marche dans un sens, ça peut marcher dans l'autre. On va voir si tu l'aimes vraiment. Pense à elle très fort, et essaie de te projeter à l'endroit où elle se trouve. Réfléchis, détends-toi !

Se détendre ? Il en avait de bonnes, Ben Beewood ! Arkos ferma les yeux, les doigts crispés sur la boussole affolée, en essayant d'imaginer la jeune fille. Çà, pour l'imaginer, il l'imaginait, et même trop bien ! Il la voyait dans une pièce sombre, éclairée par la lueur rougeoyante d'un feu de bois, entourée de mille périls, promise à mille morts, le fer, le poison, les maléfices, des monstres griffus et menaçants…

– Saraoth ! murmura-t-il, envahi soudain d'une sueur glacée. Émeline est dans le laboratoire de Saraoth !

– Et il se trouve où, le labo de Saraoth ? trépigna Beewood.

Arkos rouvrit les yeux et les posa sur l'aiguille enfin calmée.

– Là, dans cette direction. L'antre de la sorcière se trouve par là !

Il leur fallut encore faire de multiples détours pour parvenir à l'escalier moussu, le remonter à toute vitesse et se retrouver devant la porte bloquée de l'intérieur par un escabeau. L'aiguille de la boussole s'affola. De l'autre côté de l'huis, les monstres encagés faisaient un ramdam de tous les diables ! Guesserath se précipita de tout son poids contre la porte... et faillit se démolir l'épaule sans parvenir à ébranler le lourd battant.

– T'as fini tes pitreries ? persifla le mage.

Il défit sa ceinture, en passa une extrémité sous la porte et prononça un enchantement. Aussitôt, la bande de tissu se durcit. Beewood s'en servit pour déséquilibrer le tabouret qui bloquait l'entrée, libérant ainsi le passage. La salle n'était vaguement éclairée que par le rougeoiement des braises dans la cheminée. On devinait sous la voûte les masses sombres des cages qui se balançaient de façon inaccoutumée.

– Qu'est-ce qui agite de la sorte les créatures de Saraoth ? s'inquiéta le général.

Il ne tarda pas à comprendre en buttant contre un corps étendu.

– Émeline !

Il la prit dans ses bras. Elle respirait avec difficulté. Il l'allongea sur une banquette près de la cheminée. Ben alluma des torches. Arkos attrapa le mage par le devant de sa robe :

– Beewood, sauve-la ! ordonna-t-il d'une voix terrible.

Le mage se dégagea avec nervosité :

– Qu'est-ce que tu crois, imbécile ? Elle m'est plus chère que ma propre vie !

Il la déshabilla pour constater l'étendue des dégâts. Le corps et le visage de la jeune femme portaient de nombreuses traces de coups et de brûlures, ainsi que des blessures qui lui avaient fait perdre beaucoup de sang. Les sbires du duc n'y étaient pas allés de main morte !

– Tu as bien dressé tes soudards ! gronda Beewood en écrasant des larmes de rage. Ils ont fait du bon boulot !

Ses mains tremblaient sans oser toucher au corps martyrisé.

– Dans l'état où elle se trouve, je suis impuissant à la soigner ! sanglota-t-il. Une seule chose pourrait la sauver : la potion de Saraoth à réveiller les morts que tu m'avais fait prendre après l'attaque des orques. Tu ne l'as plus ?

– J'ai dû m'en défaire avec tout le reste auprès du Petit Peuple contre une amulette.

– Bravo !

Ben Beewood sortit un flacon de sous sa robe.

– On va voir si je suis aussi fort que Saraoth. Pendant ton séjour parmi nous, je t'ai subtilisé quelques gouttes de cette potion magique et j'en ai analysé la composition. J'ai essayé de la reconstituer, mais je n'ai encore jamais eu l'occasion de la tester.

– Qu'est-ce que tu attends ? s'impatienta le général.

– Je te dis que je ne l'ai pas testée !

– Au point où on en est… J'ai confiance en ton habileté, continua Arkos avec effort.

Beewood réprima un sourire de fierté. Il introduisit le goulot de la fiole entre les lèvres pâles de la mourante. Contrairement à ce qu'ils espéraient tous deux, rien ne se produisit. Ben baissa la tête, effondré :

– Ta confiance était mal placée, je suis archinul !

Au même moment, la porte s'ouvrit avec fracas sur une troupe en armes. Mû par un vieux réflexe, Guesserath leva son épée et pourfendit les premiers arrivés.

– Sus ! glapit la voix aigre du duc. Frappez, hardi ! Celui d'entre vous qui abattra le général renégat aura sa place !

Malheureusement pour eux, la porte ne permettait pas de laisser entrer plus de deux hommes de front, deux soldats que l'épée impitoyable du général mettait à mal sans coup férir. Les corps s'amoncelaient devant la porte, douchant l'enthousiasme guerrier des survivants qui s'en furent sans demander leur reste.

– Je vous ferai tous pendre ! beugla Mordred d'Orsmund. Espèces de lâches, de couards, de lavettes ! Je vous ferai hacher menu !

Mais le duc restait seul face à un Guesserath à peine essoufflé.

– Défends-toi, dégaine ta lame, Mordred ! Je ne veux pas qu'on puisse dire que je t'ai égorgé désarmé !

– Tu… tu ne vas tout de même pas te battre contre ton maître ! Je t'ai toujours protégé. J'ai fait de toi, serf et bâtard, le plus puissant de mes officiers. C'est un malentendu, on peut s'arranger.

– Le poison que tu m'as fait avaler aussi, c'est un malentendu ? Et elle ? ajouta Arkos en désignant le corps inerte d'Émeline.

– Je n'ai fait que me défendre, cette fille s'est introduite dans mon palais dans le but de m'assassiner !

La voix de Saraoth s'éleva soudain sous la voûte. La sorcière était rentrée dans son laboratoire par un passage connu d'elle seule :

– Tu ne peux pas le tuer, Arkos ! Vous avez fait un pacte de sang. S'il meurt, tu meurs aussi !

– Eh bien, tant mieux ! cria Guesserath en se précipitant sur Mordred.

En un réflexe, le duc avait tiré l'épée. Les deux lames s'entrechoquèrent avec un bruit clair. Dans le regard du général, Mordred lut son destin tracé. Il n'avait plus qu'à se battre. Il était loin d'être inexpérimenté. Les deux frères avaient eu les mêmes maîtres, les meilleurs du royaume. Mais la technique de l'un ne valait rien contre la pratique de l'autre. Au bout de quelques passes d'armes, Guesserath fit voler l'épée des mains de Mordred. Le duc tomba à genoux, éploré :

– Pitié, Arkos ! Nous sommes frères. Je suis ta seule famille. Épargne-moi !

– Trop tard pour me chanter ce couplet-là ! Comme frère, tu me détestes et comme maître, tu m'as trahi. Je suis délié de mes liens de fidélité !

– Mais si je meurs, tu meurs aussi ! tenta encore de plaider Mordred.

– Tu ne crois tout de même pas que ça va m'arrêter ?

D'un large moulinet de son épée, Arkos trancha net la tête de Mordred et attendit, impavide, la mort promise. Mais la mort ne vint pas. La sorcière, poussant un hurlement de louve, s'était précipitée sur le corps décapité. Son deuil fut de courte durée. Elle se retourna aussitôt vers Guesserath :

– J'avais prédit à cet imbécile qu'il finirait ainsi ! Il m'a traitée de radoteuse ! Bien fait pour lui ! À présent, général, accorde ta protection à la pauvre vieille que je suis, et je mettrai mon zèle et mes connaissances à ton service.

– Arkos a déjà un sorcier à son service ! s'interposa Beewood qui avait recouvré une apparence jeune et virile.

– Toi, freluquet ? cracha-t-elle, méprisante. Le lait te sort encore du nez !

Elle s'adressa à nouveau à Guesserath :

– Il te faut quelqu'un d'expérimenté, général. Je suis la meilleure sorcière de tout le royaume, tu le sais bien.

Elle ajouta à son oreille :

– Les troupes sont prêtes à marcher sur la capitale. Toi seul peux les conduire. Elles te mèneront à la victoire contre cet imbécile de Jabert Ier. Hier fils de serve, demain roi ! Qu'est-ce que tu en dis ?

Guesserath saisit Saraoth par le cou et la traîna devant la couchette où gisait Émeline :

– Le pouvoir ne m'intéresse pas ! Si tu es aussi douée que tu le prétends, sauve-la, elle !

La sorcière jeta un coup d'œil au corps étendu sur la banquette :

– Je suis experte en sortilèges, pas en miracles ! bougonna-t-elle.

– Et ta fameuse potion à réveiller les morts ?

Elle se pencha vers le général :

– Tu garantis ma place à tes côtés et tu nous débarrasses du jeune charlatan ? murmura-t-elle en désignant Ben du pouce.

– Tout ce que tu veux, Saraoth, pourvu que tu la sauves !

La vieille sourit à demi en se dirigeant vers les étagères où étaient alignées ses potions. Elle choisit un flacon, glissa trois gouttes de son contenu entre les lèvres décolorées de la jeune fille. Après quelques secondes, Émeline éternua et rouvrit les yeux. Elle aperçut les cadavres des soldats entassés devant la porte, la tête de Mordred qui avait roulé dans la poussière, Saraoth debout à côté d'elle, et son visage se crispa. Mais la présence d'Arkos la rassura un peu :

– Tout est fini, alors ? demanda-t-elle.

– J'ai tué Mordred, déclara Guesserath. Et je n'en suis pas mort !

– D'accord, reconnut la sorcière, c'était juste une menace pour forcer ta fidélité.

– Il n'y avait pas besoin de ça pour vous assurer ma loyauté !

– La guerre est arrêtée ? s'enquit Émeline.

– Zut ! s'exclama Arkos en se frappant le front. La guerre ! Je l'avais totalement oubliée !

Il jeta un coup d'œil à travers un soupirail. Un jour incertain, gris et rosâtre, s'y découpait. Les ordres avaient été donnés la veille, les armées orsmundiennes, aux confins du royaume, étaient en position pour attaquer.

– Ne gâche pas ta chance ! susurra la sorcière. C'est toi l'homme fort du duché, à présent. Jabert Ier n'a aucun intérêt à te faire confiance et bien d'autres vassaux à récompenser. Il taillera ce fief en pièces et ne te laissera que les miettes, si tant est qu'il ne te fasse pas exécuter pour félonie !

– N'écoute pas cette vipère ! s'insurgea Émeline. Mon père le roi te rendra justice, je te le promets !

– Tu ne peux pas te fier à ses promesses. Cette bâtarde n'a aucun pouvoir sur Jabert et ses conseillers. Les intérêts politiques du royaume ne te sont pas favorables, mon seigneur. Fonce et taille ta chance à coups d'épée. Cela seul te fera respecter !

Guesserath ne répondit pas. Il savait que la vieille avait raison au moins sur ce point : Émeline, en dépit de toute sa bonne volonté, ne faisait pas le poids face à la raison d'État. Il réfléchit aux atouts dont il disposait. Ce n'était pas brillant. La cour ducale le jalousait et le craignait ; le peuple le haïssait ; les aristocrates méprisaient ses origines serviles et ne reconnaîtraient son autorité que par la force. Guesserath ne pouvait compter que sur l'armée. Non qu'il aimât le pouvoir et souhaitât prendre la place de son frère, mais sa propre existence était en jeu. En dehors de l'armée, il n'était rien, qu'un vulgaire serf qu'on se ferait un plaisir de renvoyer à son fumier, voire de jeter en prison ou d'exécuter sans autre forme de procès pour toutes les exactions commises au nom du duc. C'était perdre Émeline, cela ! Mais c'était la perdre tout aussi sûrement que de faire la guerre à son père !

Sans famille, sans ami, Arkos n'avait personne à qui se fier. Quant au trio qui l'entourait… Il soupira. Il se sentait dans la situation de l'homme qui doit faire passer de l'autre côté du fleuve un chou, une chèvre et un loup sans qu'ils se mangent entre eux : Émeline n'était pas en état de l'accompagner, mais qui laisser à ses côtés ? Il se défiait de Ben dont il ne connaissait que trop bien la rivalité. Quant à la sorcière, il ne lui faisait aucune confiance, elle était bien capable d'empoisonner la jeune fille et de soulever le duché contre lui !

– Saraoth, ordonna-t-il, tu restes ici avec Émeline, tu la soignes, tu la remets sur pied et tu veilles à maintenir la cour dans l'obéissance. Ils ont tous peur de toi. Mais pas moi ! Alors, écoute-moi bien : s'il arrive malheur à cette fille, que ce soit de ta faute ou non, je te ferai périr lentement dans les pires souffrances ! Compris ?

Saraoth avala sa salive. Oui, elle avait compris. Elle connaissait suffisamment Arkos pour savoir que ce n'étaient pas paroles en l'air.

– Essaye de dissimuler la mort de Mordred le plus longtemps possible, continua Guesserath. Si tu me sers bien, tu demeureras ma conseillère privilégiée.

Émeline se souleva de sa couche :

– Je ne veux pas rester avec cette sorcière ! souffla-t-elle.

Arkos la prit dans ses bras :

– Tu dois reprendre des forces. Et j'ai besoin de quelqu'un de confiance et de courage pour surveiller mes arrières. Je reviendrai aussi vite que je le pourrai.

– Qu'est-ce que tu vas faire ?

– Arrêter cette guerre. C'est ce que tu veux, non ? Beewood m'accompagnera.

– Merci de me demander mon avis ! grommela l'intéressé. Ne vaudrait-il pas mieux que je reste avec Émeline pour veiller sur sa santé ?

– Tu m'accompagnes ! coupa le général d'un ton sans réplique. Enlève ces vêtements de vieille femme et prépare tes affaires, nous partons sur l'heure !

16

Le chemin le plus court pour rejoindre le royaume passait par le comté de la Garche et le chérifat de Sagra. Le comté avait tout de suite été mis en coupe réglée par l'armée orsmundienne. La comtesse Gertrude, enfermée dans une tour en compagnie de ses suivantes, attendait avec appréhension qu'on statuât sur son sort. Chevauchant à bride abattue avec une petite troupe – il avait retrouvé sa jument noire avec plaisir – Arkos Guesserath parvint à la Garche en une journée. Il alla en personne libérer la comtesse après lui avoir fait jurer qu'elle ne tenterait rien contre lui.

– En quoi pourrais-je vous nuire ? s'insurgea-t-elle. Vos hommes ont massacré ma garde et tout pillé !

– Nous vous dédommagerons, assura-t-il. Vous n'avez plus rien à craindre, je vous en donne ma parole. Pour l'heure, permettez-moi de prendre congé.

Elle le regarda partir avec une moue sceptique. Décidément, cet homme ne lui inspirait pas plus confiance que son maître !

Dans le chérifat de Sagra, la révolution orchestrée par les Orsmundiens s'était conclue par la prise de pouvoir d'Akabas Ménié, un homme acheté par Guesserath lui-même. Autant dire qu'Akabas ne pouvait rien lui refuser. Ce n'était pas pour autant un ami. Le général savait que Ménié s'empresserait de le trahir pour faire oublier à son propre peuple et à ses voisins l'origine de son accession au pouvoir. N'empêche que, pour le moment, il lui fit, ainsi qu'à sa troupe, de grandes démonstrations d'amitié. On les nourrit, on les logea pour la nuit, on leur fournit des montures fraîches. Au bout de quelques trop brèves heures de repos, Guesserath donna à nouveau le signal du départ.

Il fallut encore deux journées de chevauchée rapide pour parvenir à la frontière du royaume. La nuit était tombée depuis longtemps quand les cavaliers entrèrent dans le camp orsmundien. Les soldats acclamèrent leur général avec enthousiasme. Les officiers n'avaient que de bonnes nouvelles : les lignes de défense royales avaient été enfoncées, les troupes se trouvaient déjà bien engagées dans le pays, les bourgs se rendaient les uns après les autres, le butin était abondant et le siège de la capitale commencerait dans les prochains jours. Ben Beewood, à côté de Guesserath, écoutait, impuissant, les poings crispés de colère.

– Le duc sera content de vous, les félicita le général.

Deux jours plus tard, l'avant-garde orsmundienne, Arkos à sa tête, était en vue de la capitale. Les troupes royales en débandade avaient abandonné la défense des frontières pour regagner la cité sous les murs de laquelle elles s'étaient regroupées. Le siège pouvait durer longtemps. Or, Guesserath n'avait pas le temps. Pour l'instant, la mort du duc était restée secrète, mais Arkos ne se faisait aucune illusion : la nouvelle finirait par se répandre, il faudrait qu'à ce moment-là, sa propre situation soit assez assurée. Le roi Jabert Ier était la pièce maîtresse de l'échiquier. Le général prit Beewood à part :

– Sale traître ! gronda le mage, laissant enfin éclater son indignation loin des oreilles orsmundiennes. Tu as fait croire à Émeline que tu partais arrêter la guerre, alors que cela n'a jamais été dans tes intentions ! Tu veux profiter de la situation en laissant massacrer des centaines d'innocents ! Comment Émeline a-t-elle pu s'enticher d'un individu aussi répugnant que toi ?

Contre toute attente, Arkos ne réagit pas. Il paraissait préoccupé.

– J'ai besoin de ton aide, dit-il à Ben. Plus vite nous agirons, plus vite la guerre sera terminée.

– Quelles sont tes intentions ? demanda Beewood, méfiant.

– Je veux que tu m'aides à entrer au palais. Je veux rencontrer Jabert Ier seul à seul dès ce soir !

– Tu me prends pour un imbécile ? s'étrangla le mage. Tu crois que je ne vois pas ce que tu as en tête ? Tu n'as pas renoncé au projet d'assassiner notre roi !

Arkos saisit Ben par les épaules et le fixa droit dans les yeux :

– Assez de ces insinuations stupides ! Si j'assassine Jabert, je suis un homme mort ! Je veux juste négocier avec le roi. Négocier mon avenir politique. Ma vie. Juste mon droit à exister. Mais peut-être qu'à tes yeux, un individu aussi répugnant que moi n'a même pas le droit d'exister ?

Beewood baissa la tête :

– Je… je ne sais plus ! avoua-t-il. Tu as de bons côtés, mais on ne sait jamais si tu n'es pas en train de nous trahir !

– T'ai-je déjà trahi ? Ai-je trahi Émeline ? Et je me suis montré loyal envers mon duc jusqu'à la mort !

– On raconte tant de choses sur toi…

– Je suis un soldat, je n'ai fait qu'obéir aux ordres…

– … quitte à les devancer !

– Je n'ai trahi que sur commande. Et jamais de gaieté de cœur.

Ben Beewood fit la moue :

– Voilà qui inspire confiance !

– Plus personne ne me commande, à présent. J'agirai selon ce que j'estimerai juste.

– Formidable ! Je suis tout à fait rassuré ! ricana Beewood, sarcastique.

Guesserath soupira :

– Aide-moi à rencontrer le roi. Je te jure que je ne lui ferai aucun mal.

Le mage réfléchit longuement, pesant le pour et le contre.

– D'accord, avoua-t-il enfin avec réticence, je connais un moyen pour entrer discrètement dans la cité. Es-tu prêt à me suivre seul et sans arme ?

– Seul, d'accord, mais pas sans arme. Je ne suis pas complètement fou. Si tu me conduis dans un piège, je vendrai chèrement ma peau.

– La confiance règne !

– Chacun son tour !

À la nuit tombée, deux silhouettes vêtues de manteaux sombres se glissèrent hors du camp orsmundien, échappant à la vigilance des sentinelles. Elles durent marcher longtemps en direction des lignes adverses. Une légère brume masquait leur progression. L'une suivant l'autre, elles entrèrent dans un bosquet au milieu duquel s'élevait une grande roche sculptée.

– C'est là, souffla Ben en sortant sa pierre de lune.

– Où, là ? Je ne vois aucun passage ! s'étonna Guesserath.

– L'ouverture est sous le rocher.

– Hum, il semble plutôt lourd à bouger, ce rocher, même à deux…

– … Avec la force brutale, oui ! Mais avec la force de l'esprit…

Ben se planta devant la roche et se mit à psalmodier. Seulement, l'armée royale était tout près. La lueur bleue de la pierre de lune, puis les voix attirèrent l'attention des veilleurs.

– Halte, qui va là ? cria une sentinelle.

– Grouille ! gronda Arkos. On est repérés.

La nervosité ne sied point aux formules magiques. Ben s'embrouilla, dut recommencer. Un cliquetis d'armes annonça l'arrivée imminente d'une patrouille.

– Tu le fais exprès ! grommela Guesserath en dégainant son épée.

– Des espions, là ! beugla quelqu'un.

Arkos, qui tournait le dos au mage, ne vit pas la lourde pierre sculptée s'élever dans les airs et glisser de côté pour dégager l'ouverture d'une galerie souterraine. Il attendait les gardes de pied ferme. Deux premiers soldats se présentèrent, arme au poing. La lame du général fit voler leurs épées. Le temps qu'ils les récupèrent à tâtons dans l'obscurité, Ben et Arkos avaient disparu sous terre et la pierre gravée avait regagné sa place. Les soldats se regardèrent, médusés. Arrivée à son tour, la patrouille au complet fouilla le bosquet sans succès.

– Où sommes-nous ? demanda Guesserath en se penchant au bout de la galerie.

Sa voix résonna, caverneuse. Ben s'approcha à son tour, la pierre de lune à bout de bras. La lueur bleuâtre ne permettait pas de sonder les ténèbres au-dessous d'eux.

– Dans un puits, répondit le mage. Creusé dans le jardin du palais royal. Dans le jardin privé du roi.

– Et on remonte comment ?

– Par là !

Beewood désigna les barreaux de fer scellés dans la maçonnerie au-dessus d'eux.

– À toi l'honneur, fit le général, monte le premier. Et gare à toi si tu me trahis !

Ben commença l'escalade. Après un rapide coup d'œil pour s'assurer qu'ils étaient seuls, il se hissa sur la margelle et fit signe à Arkos qu'il pouvait sortir. Puis il le guida vers une petite porte dont il n'eut aucune peine à faire jouer la serrure.

– Dis donc, tu as tes entrées chez le roi, toi ! constata Guesserath.

– Oui, en tant qu'ami d'Émeline et médecin personnel de Jabert Ier, répondit l'autre avec fierté.

– Très bien ! Alors, guide-moi vers la chambre royale !

Guesserath avait tiré son épée du fourreau. Ben sursauta, paniqué :

– Hé, tu avais juré… !

– … de ne pas m'en prendre au roi. Je tiendrai parole. Mais je n'ai pas envie de me faire surprendre bêtement par ses gardes. Allez, marche !

Ben se demandait de plus en plus s'il n'avait pas fait une sottise en laissant entrer le loup dans la bergerie. Quel jeu jouait Guesserath ? Il se promit courageusement de protéger le roi au péril de sa vie et repassa dans son esprit tous les charmes qu'il pourrait utiliser contre le général, en cas de besoin.

La chambre du roi n'était pas loin. Ils eurent la chance de ne croiser personne sur leur chemin. Quant aux deux sentinelles qui montaient la garde devant la porte royale, elles reconnurent Beewood et n'eurent pas le temps de s'étonner de sa présence avant de tomber profondément endormies par un sortilège du mage. Arkos entra. Le roi n'était pas seul. Il se trouvait au lit avec Dakoïne Marazabath, joignant l'utile à l'agréable en quelque sorte. Il sauta vivement du lit et se drapa dans son couvre-pieds et dans sa dignité.

– D'accord, prononça-t-il, mon destin était écrit. Mais je suis triste, Ben Beewood, que ce soit toi qui introduises ici mon assassin !

Arkos ne laissa pas à Beewood le temps de se justifier. Posant son épée et un genou en terre, il s'inclina devant le roi.

– Je ne suis pas venu vous tuer, Majesté, mais vous annoncer la mort de Mordred et mettre mon épée et mon armée à votre service.

– Quoi ? s'exclamèrent le roi et la ministre dans un bel ensemble.

– Le duc d'Orsmund est mort, c'est moi qui l'ai tué, en combat loyal et sans traîtrise, le mage ici présent peut en témoigner.

– Oui, c'est exact ! confirma Ben.

– Mon sort et celui du duché d'Orsmund sont désormais entre vos mains.

– Ça, par exemple ! répéta Jabert Ier. Bon, laissez-nous nous rhabiller, puis nous parlerons de tout ça.

Ben et Arkos obéirent. Ils attendirent derrière la porte, en compagnie des gardes endormis. Le roi les rappela quelques minutes plus tard. La ministre aussi s'était rhabillée et se tenait à ses côtés.

– Je vous écoute, fit le roi qui avait pris place dans un ample fauteuil armorié.

Ben et Arkos narrèrent les événements de ces derniers jours.

– En tant que suzerain, conclut Guesserath, c'est à vous de décider du sort du duché et de son futur chef.

Jabert réfléchit un moment. C'était une décision grave qui allait engager l'avenir du royaume tout entier.

– Mordred ne laisse pas de descendant ?

– Non, répondit Guesserath.

– Et du côté des ascendants et collatéraux? Oncles, cousins, neveux… ? Personne pour revendiquer l'héritage?

– Personne, à ma connaissance.

– … Mais Arkos Guesserath est le demi-frère de Mordred, objecta Ben Beewood, premier surpris de sa propre intervention.

– Ah bon ? Tu savais ça, toi ? s'étonna le roi en se tournant vers sa ministre.

– Évidemment, répondit Dakoïne avec dédain. Arkos est un fils illégitime du vieux Dracon. Mais un bâtard, ça ne compte pas.

– Ça peut compter, fit le roi, songeur, s'il n'y a pas d'autre prétendant.

Le cœur d'Arkos battait à tout rompre. Si le roi le disait…

– Oui, à condition que ledit bâtard soit noble… et non un serf comme l'est cet individu ! triompha la ministre en jetant à Guesserath un regard méprisant.

– Un serf, Guesserath ? s'ébahit le roi que personne n'avait mis au courant.

Arkos releva la tête. Son avenir, son existence même se jouaient en ce moment.

– Bien que je sois serf et bâtard, Mordred n'a pas craint de me confier des responsabilités !

– Il a eu tort, puisque tu l'as assassiné ! cracha la ministre de la Guerre.

– Non, pas assassiné ! s'insurgea le général. Il a cherché par deux fois à m'empoisonner, rompant ainsi notre lien de vassalité.

– Il n'y a pas de lien de vassalité avec un serf. Mordred avait droit de vie et de mort sur ta personne.

– Je suis un être humain ! J'avais le droit de me défendre. Même les animaux ont ce droit !

– Le problème n'est pas là, intervint Jabert. Il faut reconnaître qu'en tuant le duc, droit ou pas droit, ce garçon nous a tiré une fichue épine du pied. Quant à savoir qui nous allons mettre à la place de Mordred, les candidats ne manquent pas. Nous pourrions découper le duché et le partager entre certains de nos fidèles…

Tandis que les deux autres débattaient, Arkos eut un sourire amer. La cause était entendue, on ne ferait aucun cas de lui, de ses prétentions ridicules, de son existence même. Quant à son bonheur… inutile de demander au roi la main d'Émeline, ça le ferait rire – ou ça le mettrait en colère. Mais il y avait une chose qu'Arkos avait apprise au contact de Mordred, une leçon qu'il avait bien assimilée : c'est que la force ou la ruse vous permettent souvent d'obtenir ce que le droit vous refuse. Puisque aux yeux de ces gens-là il n'était qu'un chien, il allait mordre – comme un chien !

Ben avait surpris le sourire d'Arkos, et il commençait à connaître son compagnon. Suffisamment pour savoir que ce sourire et l'éclat de son regard ne présageaient rien de bon. Mais le mage n'avait pas apprécié non plus le ton de la ministre, son mépris aristocratique. C'est ce qui le poussa à intervenir :

– Arkos commande l'armée, rappela-t-il sans élever le ton.

Ni le roi ni la ministre n'ayant fait attention à lui, il répéta d'une voix plus forte :

– Arkos commande l'armée d'Orsmund !

Jabert et Dakoïne tournèrent la tête vers lui, surpris.

– … plus précisément, l'armée qui assiège nos murs, continua-t-il en désignant une fenêtre derrière lui.

– Guesserath est en notre pouvoir, il s'est imprudemment jeté dans la gueule du loup, prononça Madame Marazabath d'un ton désinvolte.

– Connaissant Guesserath, rétorqua le mage, je dirais plutôt que c'est vous qui êtes en son pouvoir ! S'il ne ressort pas d'ici, son armée a l'ordre d'attaquer la ville !

Arkos regardait, surpris, Beewood prendre sa défense.

– Vous l'éliminez un peu vite de la scène politique, s'insurgeait Ben. Le général Guesserath s'est comporté d'une façon incroyablement loyale. Il avait les moyens de vous vaincre par les armes, voire même de prendre votre place, Majesté. Au lieu de ça, il vient seul, en confiance, remettre sa vie entre vos mains et vous ne faites aucun cas de lui ! Je ne crois pas que ce soit très habile.

– Pour qui se prend ce petit mage ? glapit Dakoïne. Voyez comme il vous parle, Majesté ! De quel côté est-il, en fait ?

Ben se jeta aux pieds du roi :

– Je suis un fils de rien, moi aussi, un orphelin, un enfant trouvé. Pourtant, Sire, vous avez eu la bonté de me laisser faire des études et de me prendre à votre service. Je vous dois tout. Parfois, les enfants de rien ont plus de reconnaissance et de fidélité que les grands de ce monde. Donnez sa chance à Arkos. Je l'ai vu à l'œuvre. Lui seul peut arrêter cette maudite guerre, lui seul peut remettre le duché d'Orsmund sur la voie de l'obéissance. Sans lui, le duché sombrera dans l'anarchie et le chaos !

La ministre s'offusqua, mais Jabert la fit taire.

– Ma foi, tu as sans doute raison, mon petit Ben. Je te tiens pour un garçon avisé. Les Orsmundiens sont des gens remuants et difficiles à gouverner. Ils apprécieront d'être commandés par un compatriote, fût-il d'humble naissance. Arrêtez cette guerre, Arkos Guesserath, renvoyez vos soldats dans leurs foyers, libérez mes vassaux captés par Mordred et assurez la succession. Si vous réussissez sans effusion de sang, je vous libérerai du servage et vous anoblirai.

– Je serai votre plus fidèle soutien et serviteur, Majesté ! s'écria Guesserath en se jetant aux pieds de Jabert.

Et comme le général restait agenouillé :

– Eh bien, qu'y a-t-il encore ? demanda Jabert. Vous avez autre chose à me demander ?

– Oui, répondit Arkos, ému. La main de votre fille !

– Quoi, vous aussi ? Décidément, c'est une manie chez les Orsmundiens ! Franchement, je vous le déconseille, Alaïs est assez snob, je ne crois pas qu'elle appréciera...

– Je ne parle pas d'Alaïs ! le coupa Guesserath. Je parle d'Émeline. Je vous en prie, accordez-moi sa main !

– Émeline ? s'exclama Madame Marazabath. Comment ça ? Émeline est votre fille, Sire ?

– Ah, tu vois que tu ne sais pas tout ! triompha le roi. À chacun ses petits secrets ! Émeline est la fille que j'ai eue avec Leïla, une amazone. Une erreur de jeunesse. Une bien belle erreur de jeunesse…

– Avec une amazone ! s'offusqua Dakoïne.

– Dame… Les amazones sont des femmes comme les autres, certaines sont très jolies, oui, vraiment très jolies ! Écoutez, Arkos, Émeline n'est pas ma fille officielle ; de plus, c'est une jeune personne qui a beaucoup de caractère et qui n'en fait jamais qu'à sa tête. Alors, si vous la lui demandiez vous-même, sa main ? Au fait, où est-elle en ce moment ? En avez-vous une idée ?

– Oui, Sire ! Elle attend mon retour dans le palais d'Orsmund.

– Eh bien, mon jeune ami, félicitations ! Si vous faites d'Émeline une duchesse, vous aurez toute ma sympathie, et je ne me fais plus aucun souci pour l'avenir de ce duché. J'ai tellement regretté que la coutume ne me permette pas de faire jouer à cette jeune fille un rôle politique plus en accord avec ses mérites !

17

Arkos tint parole et retira ses troupes dès le lendemain. Il accompagna la retraite de ses soldats pour veiller à son bon déroulement, sans violence ni pillage. Au deuxième jour, un étrange incident se produisit. Le maître des écuries vint trouver le général dès l'aurore pour lui apprendre que, dans la nuit, sa jument noire avait disparu. Très ému, il expliqua qu'à la place de la jument, on avait retrouvé dans la paille une grande grosse fille toute nue qui avait juré ses grands dieux être la cavale d'Arkos !

– Amenez-la-moi ! ordonna Guesserath.

Dans la fille effarée qu'on poussa devant lui, Arkos reconnut la colonelle qui avait traité Saraoth de vieille peau de vache. Ainsi, le sort avait été levé ! Que se passait-il en ce moment dans le duché ? Plus pressé que jamais d'aller le constater par lui-même, Guesserath nomma sur-le-champ l'ex-jument maréchale, avant de donner le signal du départ.

Contre toute attente, l'entrée du général et de ses troupes dans la capitale du duché, deux semaines plus tard, fut triomphale. Les rues étaient pavoisées, de grandes banderoles proclamaient : « Vive notre nouveau duc Arkos Guesserath ! », les gens agitaient des drapeaux, lançaient des fleurs et applaudissaient à tout rompre. Arkos s'émerveilla de cet engouement soudain pour sa personne, lui qui avait cumulé, du temps de Mordred, tout le capital d'antipathie dont on pouvait accabler un homme. Il est vrai que la foule est versatile, mais qu'est-ce qui avait bien pu provoquer un tel retournement de situation ?

Il commença à comprendre en voyant qui l'attendait sur le perron majestueux du palais ducal : Émeline, parée de ses plus beaux atours et entourée par les membres les plus éminents de la cour ! Émeline, qui semblait en pleine forme et qui accueillit Arkos avec toute la pompe due à un duc ! Guesserath, lui, n'avait qu'une envie : l'embrasser à perdre haleine, mais la solennité des circonstances exigeait de sa part une attitude plus réservée. Il dut attendre la fin de la cérémonie pour demander des explications. La jeune fille lui en fournit de bonne grâce.

Après le départ de Guesserath, Saraoth n'avait pas respecté ses engagements. Elle s'était empressée de monter une conspiration avec certains membres de la cour, en révélant à tout le monde la mort de Mordred et l'origine servile d'Arkos. Quant à Émeline, la sorcière l'avait gardée au secret, enfermée dans son laboratoire, avec la volonté affichée de la transformer en esclave. Émeline avait feint faiblesse et docilité pour mieux endormir la méfiance de la magicienne. Mais, profitant d'une absence de la vieille, elle avait trafiqué la fermeture des cages qui enfermaient les résultats ratés des expériences de Saraoth. Au retour de la sorcière, les cages s'étaient ouvertes, les créatures avaient sauté sur leur bourrelle, l'avaient déchiquetée et dévorée. La mort de Saraoth avait annulé les sorts dont elles étaient victimes et les avait rendues à leur apparence première : soldats, fonctionnaires, servantes, grandes dames… Émeline s'était assuré de leur reconnaissance éternelle. Ensuite, elle était descendue dans les oubliettes, avait délivré quelques centaines de pauvres bougres en proclamant que le général Guesserath, leur nouveau duc, avait ordonné leur libération. En retrouvant leurs familles, les ex-prisonniers avaient répandu la bonne nouvelle et contribué ainsi à la popularité d'Arkos. Privés du soutien de la sorcière, les membres de la cour et les hauts dignitaires de la ville avaient été d'autant plus faciles à convaincre que l'armée orsmundienne revenait pour mater toute tentative de rébellion.

À leur tour, Arkos et Ben mirent leur amie au courant des événements de ces dernières semaines et de leur entrevue avec Jabert Ier. Arkos souligna le rôle insigne qu'avait joué le mage et Émeline sauta au cou de Beewood pour le remercier.

– Bon, à présent que tout est rentré dans l'ordre, je n'ai plus qu'à retourner au palais de mon père, déclara finalement la jeune femme. Tu viens avec moi, Ben ?

– Hein ? Mais… commença Guesserath, décontenancé.

– Oui, tu voulais dire, Arkos ?

– Eh bien… je pensais que tu resterais.

– Pourquoi je resterais ?

– Je… je ne sais pas, moi… parce que ça te ferait plaisir !

– Nous t'avons aidé à devenir duc. C'est tout ce qui t'intéressait, non ?

– Non ! s'écria Arkos. Non, ce n'est pas tout ce qui m'intéressait ! Je dirais même que si c'est pour me retrouver seul dans ce palais, ce n'était vraiment pas la peine !

– Alors, qu'est-ce que tu veux ? demanda innocemment Émeline que l'embarras de Guesserath semblait beaucoup amuser.

– Toi ! C'est toi que je veux ! Je veux que tu deviennes ma femme et que tu deviennes duchesse à mes côtés ! Mais c'est peut-être trop demander de la part d'un bâtard, d'un serf et de l'assassin de ta mère. Une fille de roi peut légitimement prétendre à de plus hautes ambitions.

– Une bâtarde de roi ne peut prétendre à rien. Qui plus est, une demi-amazone…

– Vous allez arrêter vos simagrées ? s'exclama Ben, de mauvaise humeur. Les « Je t'aime mais je suis indigne de toi », et patati et patata ! Y en a marre, quoi ! Alors, reconnaissez que vous ne pouvez pas vivre l'un sans l'autre, que vous êtes d'aussi basse engeance l'un que l'autre et mariez-vous ! Vous avez la bénédiction du roi.

Les deux autres le dévisagèrent, ébahis.

– Ben oui, quoi ! Zut, à la fin !

Et il tourna les talons. Arkos prit les mains de la jeune femme :

– Émeline, je t'aime ! Acceptes-tu de m'épouser ?

– Mais oui, évidemment ! Je me demandais quand tu allais enfin te décider !

– Bon, alors attends-moi là cinq minutes !

Plantant là Émeline médusée, il courut à la poursuite de Ben Beewood.

Il le retrouva aux écuries en train de seller un cheval.

– Qu'est-ce que tu fais ?

– Ça se voit, non ? bougonna Ben. Tout est bien qui finit bien, vous n'avez plus besoin de moi, alors je rentre tout seul au palais royal.

– Hé, attends ! Tu ne veux pas assister à notre mariage ?

– Ah non, alors !

– Je sais ce qu'Émeline représente pour toi, je suis désolé, mais…

– Arrête ! Tu n'es pas désolé du tout, tu t'en moques, et elle aussi.

– Écoute, Émeline a besoin de toi. Tu es son ami d'enfance, son confident, elle va se sentir bien seule sans toi. Quant à moi…

– Quoi, toi ?

– Je suis un homme de guerre, je sais commander une armée mais je n'ai aucune idée de la manière d'administrer un duché. Je n'ai qu'une confiance limitée dans les anciens conseillers de mon frère, et Saraoth est morte. Je comprends qu'il soit plus intéressant pour ta carrière d'être mage à la cour royale, mais si tu voulais me faire l'insigne honneur… et le plaisir… de rester…

– … tu m’offrirais la place de… mage-conseiller ?

– Oui !

– Ça veut dire que tu me fais drôlement confiance !

– Je n’ai confiance qu’en toi, mon vieux Ben !

Achevé d'imprimer en France
par France Quercy à Mercuès
Dépot légal : 1er trimestre 2007
N° d'impression : 70322b